ALEXANDER QUERENGÄSSER -SASCHA LUNYAKOV

LE GUERRE HUSSITE - 2

GLI ESERCITI, LE ARMI, LE TATTICHE E LE CAMPAGNE 1419-1437

SOLDIERS&WEAPONS 034

SOLDIERSHOP PUBLISHING

AUTORI

Autore principale Alexander Querengässer, illustrazioni di Sascha Lunyakov, mappe di Bernhard Glänzer.
Traduzione in italiano a cura di Anna Cristini. Copyright prima edizione di © 2019 Zeughaus Verlag GmbH, Berlin Knesebeckstr. 88 10623, Germany dal titolo: "Die Heere der Hussiten" per la serie Heere & Waffen. La Nostra pubblicazione è effettuata per gentile concessione di Zeughaus Verlag GmbH.

ACKNOWLEDGMENT - RINGRAZIAMENTI

Il mio grande ringraziamento all'amico Stefan Muller, responsabile della Zeughaus Verlag GmbH, Berlin, per la concessione alla realizzazione in italiano dei volumi dedicati alla crociata Hussita.

ISBN: 9788893275613   1a edizione Marzo 2020

LE GUERRE HUSSITE - 2 (S&W-034)

Di Alexander Querengässer, illustrazioni di Sascha Lunyakov, mappe di B. Glänzer. Traduzione di Anna Cristini
Editor: Luca Cristini Editore, for the brand: Soldiershop. Cover & Art Design: Luca S. Cristini.

PROLOGO

Il re sfortunato

ubito dopo la defenestrazione di Praga, mentre si riunivano i primi eserciti hussiti, il re Sigismondo arrivò nella città morava di Brno il 15 dicembre 1419. Sigismondo, in quanto figlio di Carlo IV e fratellastro di Venceslao, era il nuovo capo della casa di Lussemburgo, ma i recenti disordini avevano già dimostrato che sarebbe stato difficile per lui portare avanti le sue rivendicazioni sulla corona. Sigismondo convocò i nobili boemi a Brno e notificò ai principi imperiali, ai cavalieri dell'ordine teutonico e al re Ladislao di Polonia che stava considerando l'idea di tenere una riunione di corte all'inizio del 1420 a Breslavia (oggi Wrocław, Polonia). Dopo essere tornato nel suo regno ungherese per alcune settimane, ricevette a Brno i nobili boemi più influenti. Sua cognata Sofia, sorella del defunto re Venceslao, gli fece sapere che non era in condizione di continuare a gestire gli affari di stato. Per questo motivo, Sigismondo mise questi compiti nelle mani di un nobile rispettato, Čeněk von Wartenberg, che prese il suo posto nel castello di Hradschin. Allo stesso tempo cercò di calmare i nobili boemi promettendo loro che non si sarebbe opposto alla comunione utraquista, rendendoli di fatto liberi di praticare la religione che volevano.

Tuttavia, poco dopo, la sua posizione cambiò a Breslau, dove incontrò importanti rappresentanti di principi tedeschi. Anche se i suoi consiglieri boemi gli raccomandarono di confrontarsi pacatamente con i suoi sudditi ribelli e di non portare eserciti stranieri nel regno, Sigismondo decise contro il loro parere. Il 5 gennaio 1420, pubblicò un annuncio secondo cui tutte le città boeme erano subordinate a lui e alla Chiesa Romana. E si spinse ancora oltre. Un noto mercante di Praga, Jan Krasá, venne arrestato a Breslau perché aveva parlato in modo critico del rogo di Jan Hus. Le autorità lo costrinsero, sotto tortura, a condannare la comunione utraquista come eresia, ma questi rifiutò. Krasá venne quindi legato a dei cavalli, trascinato per la città e infine il 15 marzo 1420 fu bruciato sul rogo. Nello stesso tempo Sigismondo dichiarò l'eresia un crimine capitale e minacciò chiunque potesse essere condannato con la confisca dei suoi beni personali. Ora era chiaro ai suoi sudditi boemi che tipo di regole potevano aspettarsi.

INDICE 2° VOLUME

LE GUERRE HUSSITE

La prima crociata hussita

a ribellione hussita venne rapidamente riconosciuta come una potente minaccia per il cristianesimo dell'Europa occidentale. A quel punto, il 1° marzo 1420 a Firenze, Papa Martino V - su sollecitazione di Re Sigismondo - invitò tutti gli eserciti europei a intraprendere una crociata. Il re levò un esercito per muoversi su Praga[1].

Mentre gli eserciti cattolici si riunivano ancora a Świdnica, un piccolo esercito hussita sotto Mikuláš di Hus condusse una campagna nella Boemia meridionale, contro i signori Rosenberg, che si schierarono dalla parte di Sigismondo. Durante la campagna, Mikuláš conquistò numerosi castelli e città. Nella primavera del 1420 anche Žižka iniziò una campagna contro il castello di Rabí, la più grande fortificazione della Boemia, che solo pochi anni prima era stata ampliata e modernizzata durante i conflitti dei nobili con il re Venceslao. Nonostante ciò, Žižka riuscì a prendere d'assalto questo baluardo in brevissimo tempo. Risparmiò la guarnigione, ma mise comunque al rogo alcuni monaci e rubò una parte di gioielli della Chiesa. Il problema maggiore degli hussiti in questo periodo era che erano numericamente troppo deboli per occupare in modo duraturo i luoghi catturati.[2]

Nel frattempo, l'esercito di re Sigismondo era arrivato "*con molti principi, cavalieri e uomini d'armi*[3]" a Kutná Hora. Il 31 maggio il re inviò una lettera a Ulrich von Rosenberg[4], dicendogli di radunare un esercito e distruggere la nuova fortezza hussita a Tabor. Se le sue forze non fossero state sufficienti per farlo, il re avrebbe voluto che Rosenberg lo raggiungesse a Praga[5]. A Praga il tentativo degli utraquisti moderati di raggiungere un insediamento con la guarnigione reale nel castello di Hradschin fallì. Infatti, mentre i praghesi avevano occupato il castello in cima alla collina, questo fu riconsegnato dal comandante Čeněk von Wartenberg ai mercenari fedeli al re. Quando gli utraquisti vennero a conoscenza della richiesta di una crociata, temendo la vendetta di Sigismondo, chiamarono in aiuto i taboriti sotto Jan Žižka. Egli intervenne immediatamente e riuscì a sconfiggere pesantemente due piccoli eserciti cattolici a Benešov e Poříčí nad Sázavou. Come aveva già fatto a Sudoměř , Žižka formò i suoi carri da guerra in un wagenburg. Dopo che il primo attacco dei realisti fu respinto, questi si ritirarono scoraggiati dal campo di battaglia. Il 20 maggio 1420 gli hussiti concentrarono le loro forze a Praga. Žižka e le sue truppe vittoriose entrarono trionfalmente in città, ma ben presto sorsero divergenze tra i ricchi borghesi di Praga e i taboriti: i taboriti seguivano rigorosamente una versione del cristianesimo orientata alla povertà e reagirono con angoscia ai praghesi con i loro ricchi abiti foderati di pelliccia. Trovarono anche particolarmente ripugnanti le barbe curate dei borghesi. Alcuni taboriti reagirono con tale rabbia che fermavano i praghesi per strada cercando di raderli, minacciandoli con le armi. Žižka ebbe qualche difficoltà a ristabilire l'ordine. Si arrivò allo scontro più significativo quando alcune mogli taborite appena arrivate, incendiarono il ricco chiostro di Santa Caterina e attaccarono le suore. Le differenze tra gli ideali pragmatici dei praghesi e il desiderio dei taboriti di profondi cambiamenti sociali divenne chiaramente evidente[6]. Le forze del re, tuttavia, controllavano non solo l'Hradschin,

---

1   Palacký, Der Hussitenkrieg 1419-1431, pp. 90-92; Šmahel, Hussitische Revolution II, pp. 1071-1073; Krocker, Sachsen und die Hussitenkriege, p. 2.

2   Palacký, Der Hussitenkrieg 1419-1431, pp. 100-101; Šmahel, Hussitische Revolution II, pp. 1069-1070.

3   Palacký, Urkundliche Beiträge I, Nr. 23, p. 29

4   Ulrich II. von Rosenberg fu il comandante della Boemia e dal 1438 al 1444 anche il suo governatore come reggente della Casa di Rosenberg

5   Palacký, Urkundliche Beiträge I, Nr. 25, p. 30.

6   Verney, Warrior of God, pp. 70-73.

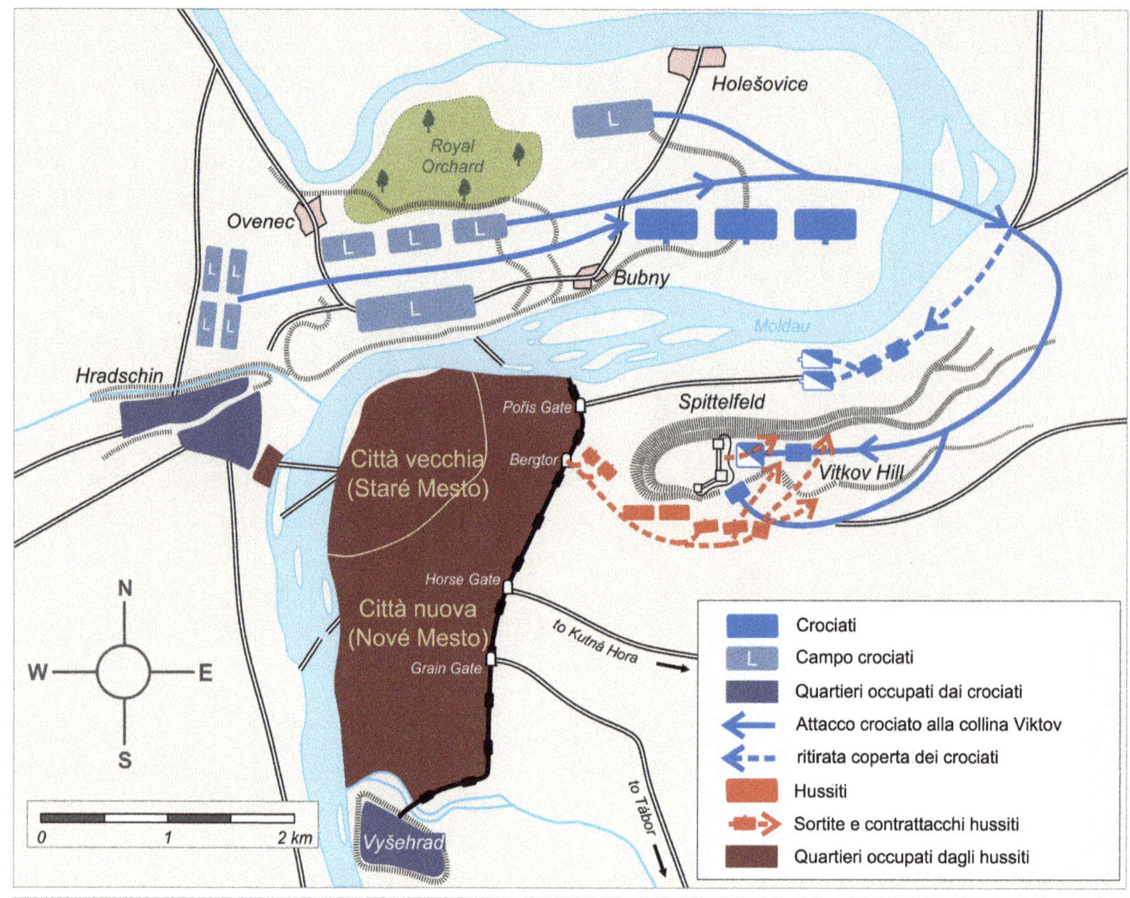

L'assedio di Praga e la battaglia di Veitsberg (Vitkov Hill).

ma anche il vecchio Vyšehrad. Gli hussiti l'avevano comunque tagliato fuori dalla Città Nuova con dei fossati. Per mantenere aperte le ultime strade della città, in grado di consentire eventuali sortite, Žižka eresse delle fortificazioni temporanee sotto forma di massicce torri di, fossati e trincee sulla collina di Vitkov, ad est della città. Intanto, quasi 2.500 cittadini di Praga, soprattutto tedeschi, furono espulsi[7]. Per fermare gli atti di violenza in città, gli anziani si riunirono in gruppi individuali. Decisero di combattere il re "ungherese" Sigismondo e chiunque si opponesse alla distribuzione del calice utraquista. Ed ancora, i sacerdoti sarebbero dovuti tornare alla vita apostolica, cioè astenersi dall'avidità e dai lussi. Essi sollecitavano anche la gente comune alla pietà, per esempio, proibendo di bere troppo nelle locande e nei giorni festivi, indossando abiti costosi e sgargianti. Queste decisioni costituirono la base per i Quattro Articoli di Praga che furono emessi poco dopo, il 3 luglio. Essi richiedevano prediche gratuite, il riconoscimento della comunione utraquista, l'abolizione della regola della Chiesa e la libertà da un ingiusto dominio del mondo[8].

Il 12 giugno, l'esercito crociato apparve davanti a Praga e stabilì il suo accampamento nella riserva di caccia di Tiergarten. I cronisti contemporanei parlano di un esercito di crociati tra i 100.000 e i 200.000 uomini; in realtà la forza avrebbe superato di poco i 50.000 uomini. Tuttavia, l'esercito crociato era così grande che alcune città e paesi boemi si sottomisero al re senza alcuna resistenza. Solo gli abitanti di Praga, Tabor, Žatec, Louny, Slaný, Pisek, Klatovy,

---

7   Palacký, Der Hussitenkrieg 1419-1431, pp. 92- 103, 112-113; Šmahel, Hussitische Revolution II, pp. 1074-1089. Durdík, Hussitisches Heerwesen, pp. 200-201.
8   Palacký, Der Hussitenkrieg 1419-1431, pp. 115-116, 134-138; Palacký, Urkundliche Beiträge I, Nr. 33, p. 33.

così come una parte dei nobili e dei contadini erano disposti a difendere la città di Praga. Di nuovo Sigismondo esitò ad impiegare la sua artiglieria pesante contro quella città che suo padre aveva costruito per essere una delle più grandi e belle capitali d'Europa. Più a lungo gli hussiti avrebbero potuto difendere la capitale, più le dimensioni dell'esercito crociato sarebbero diventate un peso, perché un esercito così potente era molto difficile da sostenere per una durata più lunga[9]. Una lettera della città di Norimberga informava i consiglieri della città di Ulm che il re *"si era accampato con grandi forze al cospetto di Praga, da questo lato del Tiergarten, e che gli hussiti catturati dall'esercito venivano messi al rogo. Il duca d'Austria e von Rosenberg dovevano restare preparati con grandi forze nei pressi di Tabor. Così il nostro signore, il re, prepara i cannoni, intenzionato a prendere d'assalto la città con il duca di Sassonia, e desidera anche sistemare la gente in città"*[10]. Nel frattempo le forze di Ulrich von Rosenberg assediarono Tabor. Ulrich ricevette anche delle leve da Leopold von Krayg e Heinrich von Puchberg. A Puchberg fu chiesto personalmente dal re Sigismondo *"di cavalcare verso il nobile Ulrich von Rosenberg, il nostro caro e fedele alleato, e di aiutarlo a vincere e distruggere Tabor sull'Hradyssczko"*[11].

È interessante notare che il *"caro fedele"* Ulrich von Rosenberg fosse, al tempo, egli stesso un hussita utraquista. Nel frattempo, il duca Albrecht aveva riunito altri 4.000 cavalieri e uomini d'armi nella Freistadt austriaca, che si sarebbero uniti all'esercito d'assedio a luglio. Tuttavia, Albrecht si trasferì con la maggior parte del suo esercito direttamente a Praga. Quando Žižka, venne a conoscenza della situazione che minacciava Tabor, inviò 350 cavalieri sotto Mikuláš di Hus, quasi l'intero esercito hussita a Praga, che dovevano andare in aiuto degli assediati. Mikuláš di Hus partì il 25 giugno, sfondò l'anello d'assedio e si presentò a Tabor il 30 giugno. Quando Mikuláš di Hus attaccò l'accampamento dei crociati, la guarnigione della città iniziò una sortita e insieme ottennero una vittoria completa sulle forze di Rosenberg.

Le forze di Mikuláš di Hus e l'equipaggiamento militare catturato rafforzarono notevolmente la guarnigione di Tabor[12]. Lo stesso giorno, Sigismondo ricevette un altro duro colpo. Nella Boemia orientale, Alesch Wrzesstiowsky von Riesenburg aveva convocato un'assemblea popolare. Dopo che una grande folla di contadini si era riunita per partecipare alla predica di un prete hussita, il gruppo riuscì a catturare la città di Hradec Králové quella stessa sera. Quando Sigismondo lo venne a sapere, immediatamente inviò un numeroso contingente dell'esercito croato in città, ma tornarono indietro subito quando videro le sue mura forti e ben sorvegliate[13]. Nel frattempo, il Re era costretto ad affrettarsi sempre di più. Un grande esercito come il suo non poteva essere tenuto insieme troppo a lungo. Il 12 giugno ebbe un discreto successo quando riuscì a portare rinforzi e provviste fresche alla massiccia guarnigione dell'Hradschin[14]. Il tentativo di raggiungere una soluzione pacifica fallì di nuovo perché il legato papale Ferdinando di Lucca rifiutò di ascoltare le richieste hussite. Così il 13 luglio i crociati attraversarono la riva orientale della Moldava e si prepararono per l'attacco al colle Vitkov. Finsero di attaccare Spitalsfeld o Spittelfeld (campo dell'ospedale), e quando i difensori di Praga si lasciarono provocare in un contrattacco, soffrirono pesanti perdite in campo aperto. I crociati in seguito si ritirarono dal campo di battaglia ordinatamente[15].

Il 14 luglio, la cavalleria pesante di Meissen e della Slesia iniziò il suo attacco, presumibilmente

---

9   Palacký, Der Hussitenkrieg 1419-1431, pp. 109-111; Šmahel, Hussitische Revolution II, p. 1092
10   Palacký, Urkundliche Beiträge I, Nr. 36, p. 38
11   Palacký, Urkundliche Beiträge I, Nr. 30, p. 32
12   Stöller, Österreich im Kriege gegen die Hussiten, pp. 8-9; Palacký, Der Hussitenkrieg 1419-1431, pp. 118-120; Šmahel, Hussitische Revolution II, pp. 1089-1091; Durdík, Hussitisches Heerwesen, pp. 171-173.
13   Palacký, Der Hussitenkrieg 1419-1431, pp. 120-121.
14   Palacký, Der Hussitenkrieg 1419-1431, pp. 122-123; Verney, Warrior of God, pp. 71-72.
15   Palacký, Der Hussitenkrieg 1419-1431, pp. 127-129; Šmahel, Hussitische Revolution II, pp. 1093-1094; Durdík, Hussitisches Heerwesen, p. 201.

sotto il comando personale di Federico von Meissen. Le fortificazioni sulla collina di Vítkov erano solo leggermente difese (alcune fonti, addirittura parlano di soli 30-60 uomini e donne, probabilmente troppo pochi). Inizialmente i Meisseners furono in grado di catturare la torre di legno a sud. Tuttavia, il tentativo di prendere d'assalto il muro di cinta fallì. Gli uomini del Meissen non riuscirono a portare il loro numero superiore sulla stretta cresta della collina di Vitkov. Žižka guidò personalmente la difesa[16].

Infine, fu decisivo il contrattacco lanciato dalla città. Diverse centinaia di hussiti, guidati da un prete, presero d'assalto la Bergtor (Porta della Montagna) e attaccarono il fianco gli uomini di Federico di Sassonia, già esausti. Il panico si scatenò tra i cavalieri. Indietreggiando, alcuni di loro furono ricacciati nel ripido crinale del Vitkov da parte dei praghesi. Il cronista Laurenzio riferì: *"E quando il nemico aveva visto il Sacramento e sentito il rintocco della piccola campana e le forti grida della gente, si voltarono sopraffatti dalla paura crescente, in quanto si affrettarono a fuggire da lì, cercando di confondersi fra la gente. Poiché correvano con tanta fretta, non riuscirono a fermarsi e molti caddero dall'alto della scogliera e si ruppero il collo, mentre molti furono uccisi dagli inseguitori"*[17]. La battaglia fu decisiva anche perché gli hussiti respinsero l'attacco dei crociati dall'Hradschin e dal Vyšehrad, fatto per liberare il castello della collina di Vítkov. Anche il numero delle perdite dei crociati differisce. Alcune fonti parlano di 500 uomini; Laurentius parla di 300, altri di 144 o appena settanta. Considerando il numero molto ridotto di difensori, le stime sembrano legittime. La maggior parte dei cavalieri probabilmente morì durante la fuga disorganizzata. Il numero di morti fu in ultima analisi molto piccolo se si considera il grande numero dei crociati prsenti, ma la sconfitta sembrava avere infranto il loro morale. Dopo queste battute d'arresto, i crociati si ritirarono da Praga e l'esercito si sciolse[18].

Tuttavia Sigismondo non voleva aspettare oltre ad essere incoronato re di Boemia. Il 28 luglio l'atto fu celebrato festosamente nel castello di Hradschin. Poco dopo, il 2 agosto, il re lussemburghese lasciò la città ribelle. Quando i crociati lasciarono la città, presero il tesoro del re Venceslao e gran parte dell'oro e dell'argento della Chiesa. Sigismondo fece fondere importanti opere d'arte per pagare le sue truppe, ma fu costretto a licenziare la maggior parte dei suoi mercenari poco dopo[19]. Gli hussiti, uniti e ispirati dalla loro vittoria, si accordarono sull'adozione dei Quattro Articoli di Praga. Sigismondo per il momento aveva ritirato le sue forze a Kutná Hora. Žižka marciò verso sud con il suo esercito, dove si unì a Oldřich II z Hradce, un nobile della Boemia meridionale. Catturarono la città fortificata di Lomnice e marciarono verso Nová Bystřice, che apparteneva al vicino di Oldřich, Leopold von Krayg. È possibile che durante questa azione, altre forze hussite marciarono verso la bassa Austria[20]. In seguito, Žižka rivolse la propria attenzione a Ulrich von Rosenberg. Ad ottobre gli hussiti assediarono il castello di Klein Bor e alla fine lo incendiarono. Ma quando una forza di soccorso di vari nobili della Boemia meridionale si avvicinò, le forze di Žižka dovettero ritirarsi. Fortemente pressati, persero qualche centinaio di uomini. Tuttavia, quando l'esercito tornò a České Budějovice, Žižka invase nuovamente i territori del Rosenberg. Rosenberg andò a supplicare il re Sigismondo, che però non poté fornirgli alcun aiuto in quel momento. A novembre i taboriti apparvero davanti alla città fortificata di Prachatice. La richiesta di Žižka che la città si arrendesse fu respinta, così fece prendere d'assalto la città. Gli hussiti fecero un vero e proprio bagno

16   Durdík, Hussitisches Heerwesen, p p. 201-203; Šmahel, Hussitische Revolution II, p. 1094; Verney, Warrior of God, pp. 76-78; Seibt, Vom Vítkov bis zum Vyšehrad, pp. 185-187.

17   Laurentius-Chronik, p. 105

18   Palacký, Der Hussitenkrieg 1419-1431, pp. 131-133; Šmahel, Hussitische Revolution II,, p. 1094; Durdík, Hussitisches Heerwesen, pp. 205-206; Verney, Warrior of God, pp. 79-81; Seibt, pp. 187-196.

19   Palacký, Der Hussitenkrieg 1419-1431, pp. 142-148; Šmahel, Hussitische Revolution II, pp. 1094-1102; Stöller, Österreich im Kriege gegen die Hussiten, pp. 9-10; Bleicher, Das Herzogtum Niederbayern, p. 94.

20   Palacký, Der Hussitenkrieg 1419-1431, pp. 148-149; Stöller, Österreich im Kriege gegen die Hussiten, p. 10.

Scontro fra fanteria durante le guerre hussite. Da *"Geschichte Kaise Sigismundos"* di Eberhard Windecke

di sangue alla popolazione. Poco dopo, i castelli strategicamente importanti di Pribenice e Divis caddero nelle mani degli hussiti. Di conseguenza, Rosenberg dovette accettare un cessate il fuoco che doveva durare fino al 4 febbraio 1421[21].

Poi i taboriti di Žižka si unirono alle truppe praghesi e si trasferirono nella Boemia occidentale, dove Sigismondo volle che il suo esercito proteggesse Pilsen, una città alla quale gli hussiti si sarebbero opposti con ferocia negli anni a venire. Tuttavia, di fronte alla forza unificata degli hussiti, il re cominciò a ritirarsi a Znojmo, da dove sperava di rafforzare la sua alleanza con il duca d'Austria[22]. Il movimento hussita si era diffuso anche nel Margraviato della Moravia. Il quadro era come in Boemia. La Chiesa, le città e le parti della nobiltà rimasero fedeli al re; i contadini, gli artigiani e altre parti della nobiltà sostennero il movimento. Seguendo l'esempio di Tabor, gli hussiti fondarono un campo fortificato su un'isola paludosa nel fiume Bečva prima della città ungherese di Ostra[23]. Da lì devastarono la campagna circostante. Dopo aver distrutto il monastero di Welehrad e bruciato la sua preziosa biblioteca, il vescovo di Olomouc e alcuni baroni locali chiesero l'assistenza militare al duca d'Austria. In primavera, il primo tentativo di catturare l'isola fallì con gravi perdite[24].

Al contrario, la situazione sul Vyšehrad peggiorò sensibilmente. Dopo che la guarnigione del re ebbe effettuato qualche sortita di successo contro i praghesi, Sigismondo suppose che potessero resistere per un po' di tempo senza il suo aiuto. All'inizio di ottobre, arrivò una delegazione di nobili della regione di Hradec Králové, che si offrì di prendere in mano le trattative con i praghesi. Sigismondo volle subordinare il tutto a loro, rinunciando all'assedio. Quindi i praghesi si offrirono di affidare il castello al nobile di Hradec Králové durante le trattative. In preda alla furia, si dice che Sigismondo abbia urlato: *"Preferirei cagare sui loro nasi piuttosto che lasciare il Vyšehrad. Vorrei che questi zoticoni di contadini sparissero da Hradec Králové"*[25].

Poiché le scorte della guarnigione si erano esaurite e non si verificò l'auspicato soccorso del re, il castello si arrese il 1° novembre 1420 alle 8 del mattino. Poco dopo l'esercito crociato del re apparve davanti alle porte della città. Sigismondo, che si trovava su una collina vicina, diede il segnale alla guarnigione interna di fare una sortita per prendere gli assedianti con un movimento a tenaglia. Alcuni mercenari tedeschi volevano obbedire all'ordine, ma gli ufficiali

21 Palacký, Urkundliche Beiträge I, Nr. 48, p. 50; Palacký, Der Hussitenkrieg 1419-1431, pp. 166-174; Šmahel, Hussitische Revolution II, pp. 1127-1131; Stöller, Österreich im Kriege gegen die Hussiten, pp. 10-11; Verney, Warrior of God, pp. 91-95.
22 Stöller, Österreich im Kriege gegen die Hussiten, p. 12.
23 Palacký, Der Hussitenkrieg 1419-1431, pp. 212-213; Stöller, Österreich im Kriege gegen die Hussiten, p. 12
24 Palacký, Der Hussitenkrieg 1419-1431, pp. 213-214; Stöller, Österreich im Kriege gegen die Hussiten, p. 12.
25 Šmahel, Hussitische Revolution II, p. 1118.

pensavano che il loro onore ne avrebbe sofferto, e si sentivano quindi obbligati a mantenere la parola data. Quando si capì l'attacco non avveniva, i nobili boemi e moravi cercarono di convincere Sigismondo dell'insensatezza di un attacco e di ritirare le sue forze. Ritennero inoltre che un attacco alle posizioni hussite con i loro fossati e le loro forti mura aveva poche possibilità di successo. Sigismondo era furioso e coprì d'insulti i suoi sottoposti, e in questo modo li spinse ad attaccare. Le unità ungheresi e tedesche dovettero sferrare un attacco frontale al campo nemico, mentre i boemi e i moravi avrebbero dovuto avanzare attraverso una zona paludosa e bassa sul fianco sinistro. La sua cavalleria riuscì a penetrare nel campo nemico, ma l'abile comandante hussita, Hynek Kušina, portò alcune unità orebite a rinforzo. Anche i praghesi parteciparono al contrattacco con rinnovato coraggio, spingendo i realisti fuori dal loro accampamento. Quando il re vide che i tedeschi e gli ungheresi cominciavano ad arrendersi, diede l'ordine di ritirarsi. Fu respinto anche un attacco simultaneo per liberare la guarnigione di Hradschin[26].

La diffusione degli hussiti in Boemia

Dopo la cattura di Vyšehrad, Praga si trasformò temporaneamente nel centro del movimento. In quelle settimane, i taboriti inizialmente rinunciarono a rivendicare il loro ruolo di leader. Il 5 novembre 1420 i praghesi hussiti scrissero un'aggressiva lettera al paese, in cui minacciavano guerra e distruzione a chiunque si opponesse alla causa praghese[27].
Anche se l'hussitismo praghese era una confessione unica e difficile da capire, per la quale le caratteristiche culturali e sociali della metropoli boema svolsero un ruolo importante, la città era molto cordiale verso il taboritismo in quel momento. Da questo punto di vista, non c'è da meravigliarsi che l'ex monaco premostratense Jan Želivský assunse una nuova leadership politico-religiosa. Durante tutta la sua vita, Jan Želivský fu sempre in grado di trovare un compromesso nei rapporti tesi tra gli utraquisti e i taboriti[28]. Ma anche Želivský non riuscì a impedire che le tensioni tra gli utraquisti e i taboriti si intensificassero violentemente. Di conseguenza, nel novembre del 1420 i praghesi costrinsero inizialmente Mikuláš z Hus e alla fine tutti i taboriti a ritirarsi dall'assemblea conciliare. I primi scontri armati tra i due gruppi portarono Žižka a interrompere la sua campagna nella Boemia meridionale e a tornare a Praga, dove il 10 dicembre fu stabilito un cessate il fuoco tra le parti in lotta. Durante una sessione del consiglio, che avrebbe dovuto risolvere definitivamente le divergenze teologiche, Procopio di Pilsen, il rettore dell'Università, presentò nuove accuse contro i taboriti, che nel frattempo avevano adottato una posizione sempre più radicale, non solo sulle questioni religiose, ma anche su quelle politiche. Chiedevano che la Boemia fosse una repubblica, l'abolizione di ogni differenza di classe, l'abolizione della proprietà "speciale" (privata), la distruzione di tutte le chiese che erano dedicate all'onore dei santi e non a Dio, e l'abolizione del credo nel purgatorio. Queste richieste sembravano così radicali che alcuni dei moderati hussiti utraquisti in realtà le bollarono come eretiche. Durante il primo concilio non fu possibile raggiungere un accordo sulla controversa riunione. Mikuláš z Hus, che aveva lasciato la città in un impeto di rabbia, cadde da cavallo poco prima di arrivare alle porte della città. Riportato a Praga, morì prima del fine dell'anno[29]. Gli hussiti praghesi ottennero un importante successo politico-religioso in seguito alla sua morte. Il 21 aprile 1421 l'arcivescovo di Praga, Corrado di Vechta, dichiarò di credere nell'hussitismo, accettò i Quattro Articoli di Praga e dichiarò che non

---

26   Ibid., pp. 1120-1121.
27   Palacký, Der Hussitenkrieg 1419-1431, pp. 175-180.
28   Palacký, Der Hussitenkrieg 1419-1431, pp. 183-185.
29   Palacký, Der Hussitenkrieg 1419-1431, pp. 189-197; Verney, Warrior of God, pp. 102-106.

L'imperatore Sigismondo assedia una città boema. Notare il trabucco in primo piano. Da *"Geschichte Kaise Sigismundos"* di Eberhard Windecke

avrebbe riconosciuto Sigismondo come il legittimo re boemo. Finora Corrado fu il più alto funzionario della Chiesa a compiere questo passo[30].

Fu forse a causa del cambiamento di opinione di Corrado che il 27 maggio 1421 Sigismondo fu spinto a dichiarare di essere pronto a negoziare i Quattro Articoli di Praga, purché gli hussiti non mettessero in discussione il suo essere re[31]. Nei primi mesi del 1421, gli hussiti ottennero una serie di piccoli ma importanti successi nell'est e nel nord della Boemia. Durante quelle settimane, Sigismondo rimase a Litoměřice e Most per prepararsi ad una nuova campagna insieme al principe elettore del Brandeburgo e ai Margravi di Meissen. A cavallo tra il 1420 e il 1421, le truppe di Praga riuscirono a conquistare il palazzo fortificato di Kunratic. Nello stesso tempo, Jan Žižka operava nelle terre di Pilsen. Lì i taboriti occuparono il Monastero di Chotisov, la città di Kladruby, il castello di Švamberk e infine assediarono la città di Tachov, il tutto in rapida successione[32]. Sigismondo si precipitò a Pilsen per soccorrere la città e arruolò un nuovo esercito per il quale dovette chiedere un massiccio sostegno ai principi della Germania meridionale. Nel frattempo, nei sobborghi di Tachov era scoppiato un incendio in cui non solo decine di carri da guerra hussiti vennero distrutti, ma morirono anche molti cavalli. Poiché Žižka ora si sentiva troppo debole per tentare un attacco, si ritirò dalla città. Mise una parte del suo esercito nelle città occupate, nei castelli e nei monasteri, riportò la maggior parte delle sue forze a Tabor per rafforzare l'esercito taborita sul campo e chiedere aiuto ai praghesi. Nel frattempo Sigismondo cercava di riprendersi il città di Stříbro e il monastero di Kladruby ma senza successo[33].

I praghesi risposero alla richiesta di aiuto di Žižka e gli mandarono un esercito di 7.000 uomini con 320 carri che si unirono ai taboriti a metà febbraio a Dobříč. Mentre entrambi gli eserciti si stavano unendo, il re Sigismondo lasciò la zona di Pilsen per trasferirsi a Litoměřice, da dove alla fine di febbraio si spostò ulteriormente in Ungheria. L'esercito hussita si diede da fare per assediare Pilsen. Dopo che i loro cannoni danneggiarono pesantemente le mura della città in molti punti, gli abitanti di Pilsen acconsentirono a trattative che portarono ad un cessate il fuoco valido fino al 1422. Nell'accordo, il consiglio comunale si impegnò a chiedere al re di accettare gli articoli di Praga. Durante il cessate il fuoco i cittadini ripararono le mura della città e le rafforzarono notevolmente[34]. La resistenza dei nobili della Boemia occidentale contro gli hussiti nella cosiddetta "pace generale di Pilsen" assicurò soprattutto alle zone franche e bavaresi dell'Impero una migliore protezione dalle invasioni hussite[35].

Gli hussiti avanzarono ulteriormente nell'area di Žatec e si stabilirono nella città di Chomutov, ancora fortemente influenzata dalla Germania. La città fu presa d'assalto e cadde dopo due giorni il 16 marzo 1421. Gli hussiti, che prima erano stati insultati dai difensori, fecero un vero e proprio bagno di sangue e si dice che risparmiarono solo poche donne e bambini, oltre a 30 uomini. Furono uccise tra le 1.500 e le 2.500 persone ed in seguito la città fu messa a ferro e fuoco[36]. Il tragico destino di Chomutov ebbe un effetto talmente spaventoso sulla popolazione della regione che in seguito il popolo aprì volontariamente i suoi cancelli agli hussiti. Louny e Žatec non offrirono loro alcuna resistenza. Jan Žižka tornò a Ta-

---

30   Palacký, Urkundliche Beiträge I, Nr. 78, pp. 78-81, Nr. 80, pp. 83-84; Seibt, Konrad von Vechta, pp. 246-249.
31   Palacký, Urkundliche Beiträge I, Nr. 107, p. 105.
32   Palacký, Der Hussitenkrieg 1419-1431, pp. 199-202; Šmahel, Hussitische Revolution II, pp. 1159-1165; Verney, Warrior of God, pp. 107-109.
33   Palacký, Der Hussitenkrieg 1419-1431, p. 202; Verney, Warrior of God, pp. 109-110.
34   Palacký, Der Hussitenkrieg 1419-1431, pp. 203-204.
35   Bleicher, Das Herzogtum Niederbayern, p. 196.
36   Palacký, Der Hussitenkrieg 1419-1431, pp. 205-206; Bleicher, Das Herzogtum Niederbayern, p. 110; Verney, Warrior of God, pp. 111-112.

bor a marzo, e gli eserciti uniti continuarono ad operare nel nord della Boemia[37].

Nella parte orientale del Paese, gli hussiti di Hradec Králové subirono una grave sconfitta il 22 marzo. Una truppa aveva caricato contro il monastero di Opatowiec, ma durante il loro movimento furono attaccati e sconfitti da un esercito di cavalleria imperiale a Podolschan, perdendo 300 prigionieri. Questa sconfitta portò l'esercito unito, operante al nord, a marciare verso est per sostenere le forze di Hradec Králové. Durante la marcia catturarono Tussen sull'Elba e Český Brod. I pochi mercenari tedeschi che difendevano la città fuggirono in una chiesa che venne poi incendiata dagli aggressori. La cattura di Český Brod ebbe gli stessi terribili effetti di quella di Chomutov qualche settimana prima. In rapida successione, Kolín, Nymburk, Kozlov e il monastero di Opatowiec, nonché alcuni castelli e il Comando dell'Ordine Teutonico a Dobrowic, aprirono i loro cancelli agli hussiti. La resa volontaria non sempre li proteggeva dalla rabbia hussita. Il monastero di Opatowiec, che gli hussiti odiavano particolarmente, venne bruciato dopo essersi arreso. Delle città della Boemia orientale, solo Jaroměř rimase nelle mani del Re[38]. Dopo la fine del cessate il fuoco nella Boemia meridionale, gli hussiti si impegnarono a catturare di nuovo České Budějovice. Diventarono sempre più attivi in Moravia e minacciarono Znojmo, che inviò una lettera urgente a Sigismondo per chiedere assistenza militare. Gli hussiti si spinsero anche nella bassa Austria e distrussero la cittadina di Dobersberg[39].

In Moravia l'esercito combinato dei taboriti e dei praghesi circondava la città di Jaroměř, che come Kutná Hora in Boemia, era un'importante base fedele al re. Durante il primo tentativo di prendere d'assalto la città il 13 maggio, gli hussiti riuscirono ad occupare i fossati intorno alla città, così i difensori richiesero un comportamento di resa. Questo fu garantito ma due giorni dopo, mentre i residenti si davano alla fuga, i taboriti si abbatterono sui borghesi di Jaroměř, pugnalandoli e annegandoli nel fiume Elba. Tutti i sacerdoti che non riconobbero gli Articoli di Praga furono bruciati sul rogo. Jaroměř rimase successivamente una roccaforte hussita fino al tempo della Controriforma[40].

Il 29 maggio e il 7 giugno, quando le città di Litoměřice e il Hradschin di Praga si arresero agli hussiti, il movimento aveva conquistato il controllo di quasi tutta la Boemia, ad eccezione di alcune città e castelli alla periferia[41]. Tuttavia, nel 1421, i taboriti stavano avendo dei grossi problemi con i conflitti interni. I loro capi militari più importanti, come Žižka, presero sempre più le distanze dal loro capo spirituale Martin Húska. Egli aveva enunciato credenze sempre più radicali e aveva cercato di introdurre nel Tabor una comunità senza classe che avesse in comune la proprietà della città. Di conseguenza, nell'aprile del 1421 fu costretto a lasciare il Tabor con i suoi seguaci. Quando fu richiamato in città qualche tempo dopo, ciò avvenne solo perché volevano costringerlo a rinunciare alle sue tesi. Húska si rifiutò. Lo fecero prigioniero, ma lui non ritrattò i suoi insegnamenti nemmeno sotto tortura. Il 21 agosto 1421 fu bruciato sul rogo a Roudnice[42]. Il sacerdote venne accusato, tra l'altro, di essere vicino ai Picard. Questa era una nuova fazione dei taboriti, che rifiutava il calice e l'ostia e semplicemente distribuiva il pane alla comunità durante la messa. Oltre ad altre differenze teologiche, è stata soprattutto questa pratica, contraria a uno dei principi fondamentali hussiti, a far sì che i taboriti si opponessero a questa setta. I Picard furono quindi perseguitati da tutti gli altri hussiti e annientati nel corso del 1421. Questo ebbe un drastico impatto su un altro sottogruppo, gli adamiti. Il gruppo si descriveva come i diretti discendenti di Adamo ed Eva e rifiutava tutte le forme di

37   Palacký, Der Hussitenkrieg 1419-1431, p. 206; Verney, Warrior of God, pp. 112-113.
38   Palacký, Der Hussitenkrieg 1419-1431, pp. 207-209; Šmahel, Hussitische Revolution II, pp. 1163-1165.
39   Stöller, Österreich im Kriege gegen die Hussiten, pp. 13-14.
40   Palacký, Der Hussitenkrieg 1419-1431, pp. 215-216; Šmahel, Hussitische Revolution II, pp. 1166-1167.
41   Palacký, Der Hussitenkrieg 1419-1431, pp. 220-221.
42   Palacký, Der Hussitenkrieg 1419-1431, pp. 211-240; Šmahel, Hussitische Revolution II, pp. 1131-1158

L'imperatore Sigismondo assedia Praga. Da *Geschichte Kaise Sigismundos* di Eberhard Windecke

cristianesimo legate alla Chiesa. Si suppone che andassero in giro per la loro comunità per lo più nudi e celebrassero orge sessuali all'aperto. I taboriti, piuttosto puritani, detestavano violentemente questa promiscuità. Žižka mandò uno dei suoi capitani, Borek Klatovsky, contro la roccaforte adamita nella valle del fiume Nežárka, ma il primo attacco dei Taboriti fu respinto e Borek fu ucciso. Alla fine Žižka stesso dovette andare nella valle del fiume Nežárka. Sotto la sua guida i taboriti assaltarono il castello, che si trovava su un'isola nel fiume. La maggior parte degli adamiti morì nella battaglia, quaranta prigionieri furono poi bruciati sul rogo[43].

La seconda crociata hussita

Alla fine del febbraio 1421 si riunì a Norimberga una nuova Assemblea imperiale. I quattro elettori renani, gli arcivescovi di Magonza, Treviri e Colonia e il conte del Palatino Ludovico, si accordarono con il re per unirsi anche in futuro alla lotta contro gli eretici boemi. Per fare questo, Ludwig e Konrad von Mainz misero temporaneamente da parte le loro dispute territoriali, così come i rimanenti alti funzionari dell'Impero arrivati poco dopo a Norimberga, i Margravi di Meissen e Baden, il Langravio dell'Assia e i vescovi di Wurzburg. Il 13 aprile il nuovo legato pontificio, il cardinale Branda de Castiglione, apparve davanti al Collegio dei Principi. Aveva l'autorità di Papa Martino V per concedere l'assoluzione a tutti i partecipanti alla crociata. Chiese con veemenza agli elettori di sostenere l'imminente guerra. Nell'estate del 1421 le forze dell'Impero si riunirono intorno a Cheb. Alcuni contemporanei stimarono la forza dell'esercito in 100.000 cavalieri; altri parlarono di 200.000 uomini, sia cavalieri che fanti. L'Impero era in realtà teoricamente pienamente in grado di sostenere un tale esercito, tuttavia queste stime sembrano dubbie. Molti principi, però, non erano mai stati così uniti da poter permettere che le loro capacità militari fossero completamente dispiegate[44]. C'è anche da chiedersi se Sigismondo sarebbe stato in grado di sostenere nel tempo un così grande esercito in una terra relativamente poco popolata come la Boemia.

Si Consideri. A questo proposito, che Federico II si scontrò con i limiti dell'essere in grado di rifornire eserciti notevolmente più piccoli nella Seconda Guerra di Slesia o nella Guerra di Successione Bavarese. In una lettera scritta il 22 settembre 1421, un tedesco che partecipò alla guerra, scrisse: *"So anche che gli araldi stimano che tra i cavalieri abbiamo circa quattromila cavalieri e scudieri"*[45]. Se si calcolano i fanti, sulla base del "Nürnberger Anschlag" del 1422, a cinque o sei uomini per cavaliere, allora si dovrebbe ridurre la quantità di soldati per la seconda crociata ad un più realistico totale di 30.000 uomini[46]. Comunque sempre un esercito piuttosto imponente per i tempi. Questo esercito era composto principalmente da contingenti dei quattro elettori renani di Colonia, Magonza, Treviri e del Kurpfalz. Inoltre c'era un altro esercito che Sigismondo stesso voleva portare dall'Ungheria, così come il duca Albrecht dalle terre austriache[47].

Il 5 agosto, Federico il Guerriero, Margravio di Meissen, era già in grado di condurre un piccolo esercito realista in battaglia vicino a Most. Un distaccamento di Praga sotto il radicale Jan Želivský aveva eretto un Wagenburg lì, nel villaggio di Saras, da dove lanciarono offensive che devastarono la campagna circostante e il castello. Ma la città era ben fortificata e aveva cannoni moderni per la sua difesa, oltre alla polvere da sparo prestata da Federico il Guerriero *"per le grandi difficoltà e necessità contro i taboriti e gli hussiti, i nostri nemici più profondi, che sono accampa-*

---

43   Verney, Warrior of God, pp. 116-118.
44   Palacký, Der Hussitenkrieg 1419-1431, pp. 241-244, 251-252; Sachsen und die Hussitenkriege, p. 3.
45   Krocker, Sachsen und die Hussitenkriege, pp. 3-4. 195 The "Nürnberger Anschlag von 1422," literally
46   Krocker, Sachsen und die Hussitenkriege, p. 4
47   Stöller, Österreich im Kriege gegen die Hussiten, p. 14

ti davanti alla nostra città e che vogliono conquistarci con la forza[48].

L'arrivo dell'esercito da Meissen inizialmente sorprese gli hussiti. Quando l'esercito giunse in città da nord il 5 agosto, i praghesi, tuttavia, si mossero con fiducia contro di loro lungo un crinale. In quello che sembrava essere un momento favorevole, attaccarono i cavalieri in campo aperto. Questo si rivelò un grave errore. Gli uomini di Meissen erano freschi e riposati e mantennero la loro formazione, così l'attacco hussita si esaurì.

Quando anche la guarnigione di Most Castle rischiò una sortita e colpì i praghesi sul fianco, i loro ranghi cominciarono a vacillare. Gli hussiti ripiegarono, con gli uomini di Meissen all'inseguimento. In seguito i cavalieri si trovarono sotto il fuoco dei cannoni hussiti, ma questa volta non ottennero l'effetto desiderato.

I Meissen si spinsero più avanti, il che scatenò il panico tra i praghesi, che abbandonarono i loro cannoni e il Wagenburger per fuggire sull'Elba. Per Želivský, questa sconfitta non fu solo una sconfitta militare, ma essa contribuì a minare anche la sua posi-

Classico scontro fra cavallerie crociate ed hussite (a sinistra). Notare nelle file hussite un balestriere a cavallo, e un crociato che ha un bambino impalato sulla sua lancia. Dal codice di Jena

zione politica[49]. Il 28 agosto le forze renane si mossero lungo la valle del Cheb mietendo distruzione ovunque. Sorprendentemente anche le fonti tedesche riferiscono le azioni spietate dei comandanti dell'esercito: *"Così informiamo Vostra Eccellenza che un buon amico ha passato il messaggio e ha scritto, secondo la sua opinione, che i nostri graziosi signori, … gli Elettori, hanno pianificato di passare la prossima Pentecoste [28 agosto] a Eger e hanno intenzione di riunirsi domenica prossima [31 agosto] dall'altra parte della foresta per conferire e di occuparsi della questione. Inoltre i nostri signori, gli Elettori, hanno pubblicamente annunciato nel mercato di Eger che si dovrebbe uccidere chiunque in Boemia, tranne i bambini, non abbia la propria ragione [cioè, il giusto credo religioso] e che non si devono portare insieme tutte le donne dell'esercito"*[50]. Allo stesso tempo le forze di Meissen marciarono sui monti Erz e catturarono Chomutov e Kadaň. La guarnigione hussita di Chomutov diede fuoco alla città e si ritirò a Žatec. Attesero l'appoggio di altre forze della Slesia e della Lega lusitana a nord-est, nonché di Sigismondo a sud.

All'inizio di settembre l'esercito proveniente dalla regione del Reno catturò il villaggio di Mašťov , dove le truppe commisero terribili crimini ed eccessi, come riferisce l'osservatore di

48   CDS 1 B 4, Nr. 177
49   Palacký, Der Hussitenkrieg 1419-1431, pp. 246-249, 279-288; Šmahel, Hussitische Revolution II, pp. 1200-1203; Meinhardt, Im Dienste des Königs, p. 117; Krocker, Sachsen und die Hussitenkriege, p. 5; Purton, Late Medieval Siege, p. 236.
50   Palacký, Urkundliche Beiträge I, Nr. 134, p. 144.

Norimberga: *"Il capitano del castello e otto con lui rimasero in vita e furono i prigionieri dei principi; gli altri furono spregevolmente bastonati a morte e bruciati, ottantaquattro vennero impiccati con una corda; più tardi trovarono un pastore ed altri tre nella casa, bruciati. Inoltre la gente comune in fuga, che non parlava tedesco e sembrava essere boema, venne catturata, uccisa e bruciata.[51]"*

Dopo quel successo, l'esercito avanzò verso le mura fortificate di Žatec, dove l'avanzata si fermò. I cittadini della città resistettero a sei tentativi di assalto. Testimoni oculari hanno riferito che ogni giorno morirono da 100 a 150 crociati dell'esercito, sotto il fuoco dei cannoni della città. Il numero può essere esagerato, ma da la giusta impressione in merito all'efficacia dell'impiego dell'artiglieria hussita. La situazione dell'approvvigionamento per entrambe le parti peggiorò rapidamente perché i saccheggiatori preferivano bruciare i depositi di grano per evitare che cadessero in mani nemiche piuttosto che assicurarli ai propri sostenitori[52]. Dopo la cattura di Kadaň, i Meissen sotto la direzione personale del Margravio procedette in direzione dell'Elba tentando di catturare i castelli di Bílina e la città di Litoměřice. Il 13 settembre, due unità dell'esercito di Praga, composte da mercenari e da truppe rurali, comparvero davanti a Bílina.

Successivamente i Meissen abbandonarono l'assedio e si ritirarono per unirsi all'esercito principale a Žatec[53]. A questo punto l'esercito taborita sotto Jan Žižka assediò per la seconda volta il possente castello di Rabí. Il vecchio comandante partecipò personalmente all'assalto dei muri ma durante l'azione venne colpito nel suo occhio sano da un freccia. Nonostante tutti gli sforzi dei migliori medici di Praga, Žižka Perse anche il secondo occhio e divenne completamente cieco[54].

Žižka, che si era in qualche modo ripreso dalla ferita e preoccupato per l'avanzata dei Meissen, si trovò contro l'esercito dei crociati, che era ancora impegnato nell'assedio di Žatec. Tuttavia laggiù, i leader principeschi stavano litigando fra loro: Federico il Guerriero premeva per abbandonare la città, che opponeva una forte resistenza, e puntare invece su Praga, mentre l'Elettore del Palatino non intendeva abbandonare l'assedio facendone una questione d'onore. Ma i residenti di Žatec non intendevano arrendersi e mollare la città. Le perdite dei crociati aumentarono così tanto che il i comandanti decisero finalmente di far morire di fame la città e di saccheggiare la campagna circostante. L'esercito assediante si stava col tempo pericolosamente disimpegnando; altri cavalieri e soldati se ne andavano a casa quotidianamente.

Alla fine fu così indebolito che quando si ricevette la notizia dell'avanzata di Jan Žižka, anche le forze del Palatino supplicarono un ritiro immediato. Quando l'esercito crociato bruciò il proprio accampamento, la guarnigione di Žatec fece una sortita. Gli hussiti furono in grado di catturare molte armi, balestre e altro materiale bellico, oltre a diverse centinaia di prigionieri[55]. D'altra parte, nel sud, Sigismondo e Duca Albrecht stavano ora marciando con i rispettivi eserciti. Il re avanzò per la prima volta verso Olomouc e a novembre aveva già riportato la maggior parte della Moravia sotto il suo controllo. Eppure il duca Albrecht non si spinse in Moravia con un esercito adeguato fino al 20 ottobre. Poi liberò la minacciata città di Znojmo e catturò la città di Jaspitz che si trovava a nord. Successivamente prese il castello appartenente a Sezima di Kunštát, il nobile hussita che in estate aveva condotto un attacco contro la Bassa Austria. Infatti, in Novembre Albrecht era già tornato con il suo esercito, e Sigismondo rimase solo con il suo esercito in Boemia[56].

51   Palacký, Urkundliche Beiträge I, Nr. 135, pp.145-146.
52   Krocker, Sachsen und die Hussitenkriege, p. 4; Bleicher, Das Herzogtum Niederbayern, pp. 110-111.
53   Palacký, Der Hussitenkrieg 1419-1431, p. 252.
54   Palacký, Der Hussitenkrieg 1419-1431, p. 249; Šmahel, Hussitische Revolution II, p. 1173.
55   Palacký, Der Hussitenkrieg 1419-1431, pp. 249-254; Krocker, Sachsen und die Hussitenkriege, p. 5; Bleicher, Das Herzogtum Niederbayern, pp. 111-112.
56   Palacký, Der Hussitenkrieg 1419-1431, pp. 263-164; Stöller, Österreich im Kriege gegen die Hussiten, pp. 15-17.

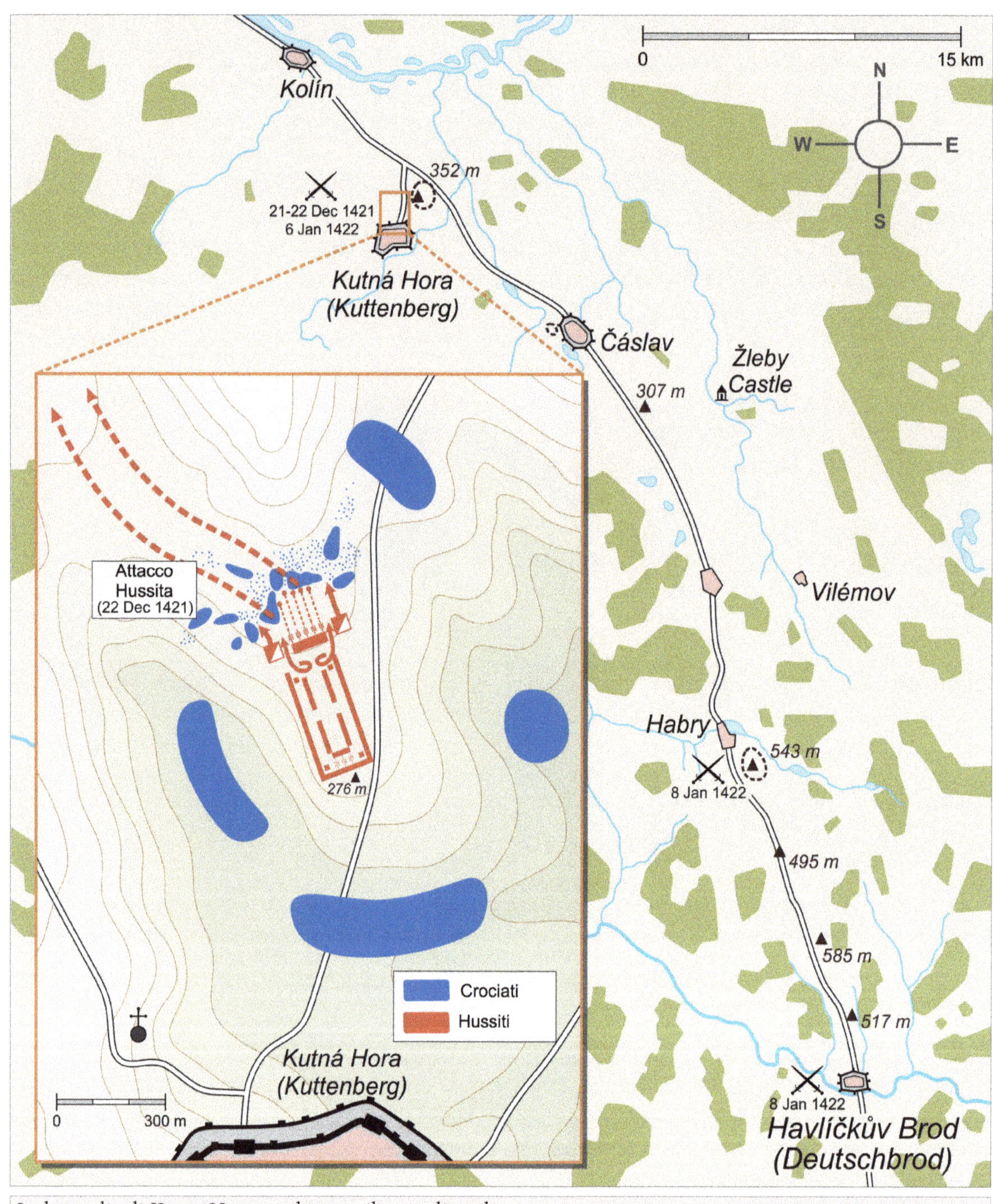

La battaglia di Kutna Hora combattuta il 21-22 dicembre 1421

Žižka e i praghesi decisero di non far avanzare i crociati verso la capitale, ma di fermarli a Kutná Hora. L'anno precedente la città era diventata un'importante base di rifornimento per Sigismondo. Era la seconda città più grande della Boemia e la sua popolazione prevalentemente tedesca non si era unita al movimento hussita. Inoltre Kutná Hora aveva raggiunto un notevole grado di prosperità grazie all'estrazione dell'argento. Sempre in estate, Kutná Hora aveva condotto una campagna senza successo contro Kolín. Dopo che l'esercito congiunto dei praghesi e i taboriti iniziò le sue vittoriose operazioni attraverso il nord e l'est della Boemia,

Altra descrizione contemporanea di un carro da guerra hussita. E' molto interessante il completo equipaggiamento dei soldati, tutti e tre in completa armatura. Dal *"Bellifortis"* di Konrad Kyeser.

la città chiese di essere risparmiata e nell'aprile del 1421 si arrese agli hussiti. Peter Zrmzlik fu nominato primo prevosto della città ma morì in agosto, quando Kutná Hora sfuggì di nuovo al controllo di Praga. Gli hussiti rioccuparono la città a metà dicembre. Poiché la città non si prestava alla difesa, Žižka decise di schierare le sue forze sul vicino Sukberg dopo l'arrivo dell'esercito crociato. Gli hussiti lasciarono la città tra piccole scaramucce. L'esercito di Sigismondo circondò allora la montagna sulla quale gli hussiti avevano formato una Wagenburg. Gli hussiti temevano per via del grande numero dei crociati che avevano di fronte - probabilmente 10.000 uomini tra contingenti provenienti dall'Ungheria, dall'Austria, dalla Moravia e da Olomouc[57]. Il 20 dicembre i crociati tentarono il primo attacco al Wagenburg. Ma invece di sacrificare la propria cavalleria nell'attacco, Sigismondo lanciò una grossa mandria di bestiame contro gli hussiti. Mentre l'attenzione dell'esercito era focalizzata su di ciò per un periodo di tempo, le truppe del re si fecero strada nella città. I minatori di Kutná Hora aprirono molto volentieri le porte della città. Subito dopo la cattura di Kutná Hora, iniziò una caccia a quanti tra la popolazione erano sostenitori hussiti, operazione che si concluse con un altro massacro[58].
La notte seguente, Žižka decise di togliersi dall'accerchiamento. Posizionò diversi cannoni sul lato stretto del suo accampamento, coperto dalla fanteria e fiancheggiato dalla cavalleria. Nelle prime ore del mattino il cannone sparò una salva quasi simultanea che causò grande confusione tra i crociati ancora addormentati. Subito dopo, la cavalleria hussita caricò nel campo nemico gettandolo nel caos. Sfruttando questo evento, Žižka smontò il suo Wagenburg e attraversò il campo nemico, sotto il fuoco costante dei tiratori. La mossa riuscì e i crociati smisero l'in-

<hr>

57   Verney, Warrior of God, pp. 148-150.
58   Palacký, Der Hussitenkrieg 1419-1431, pp. 265-269; Šmahel, Hussitische Revolution II, pp. 1229-1231; Durdík, Hussitisches Heerwesen, pp. 206-207; Verney, Warrior of God, p. 150.

seguimento[59]. Žižka si ritirò verso Kolín dove riunì altri uomini. Sigismondo, invece, decise di inviare le proprie forze nei quartieri invernali a sud di Kutná Hora. Il suo comandante italiano, Pippo Spano, gli consigliò di ritirarsi dalla Boemia perché il morale dei loro mercenari si era notevolmente abbassato dopo la sconfitta. Del resto Sigismondo non temeva ulteriori attacchi da parte degli hussiti. Non essendoci stato alcun inseguimento, Žižka decise invece poco dopo di tornare e di attaccare Sigismondo. Il 6 gennaio attaccò quindi le forze del re che erano spar-pagliate nei campi di Kutná Hora e le distrusse una a una. I crociati si ritirarono a Havlíčkův Brod. Gli hussiti l'inseguirono e li attaccarono di nuovo l'8 gennaio. Gli ungheresi vennero du-ramente sconfitti e si ritirarono dietro il fiume Sazava. Poiché coloro che fuggivano si blocca-vano a causa di un ponte stretto, alcuni cavalieri cercarono di attraversare il fiume ghiacciato. Ma a causa del peso dei cavalieri pesantemente corazzati, il ghiaccio si ruppe in molti punti. La corrente si riempì rapidamente di carri, cavalli e uomini che lottavano per la vita. Molti cro-ciati annegarono o morirono congelati. Nei giorni successivi i cadaveri di 548 cavalieri furono recuperati e tirati fuori dal fiume ghiacciato. Gli hussiti catturarono grandi quantità di mate-riale bellico, tra cui carri e cannoni[60]. Grazie ai questi, cominciarono immediatamente ad as-sediare Havlíčkův Brod. Il bombardamento delle mura causò danni così pesanti che la guarni-gione si arrese il giorno dopo la battaglia. A questo punto alcuni degli hussiti erano già entrati in città, che saccheggiarono e distrussero completamente. Gli hussiti festeggiarono a lungo questa vittoria nella campagna invernale. Molti uomini furono nominati cavalieri nei pressi di Havlíčkův Brod, e Sigismondo fu tanto turbato da questa nuova sconfitta che non mise piede in Boemia per molti anni preferendo affidare ad altre persone la guida dei suoi eserciti[61].

Mentre Sigismondo fuggiva dalla vittoria di Žižka, il duca Albrecht aveva già assemblato un nuovo esercito a Eggenberg all'inizio di gennaio, ma a causa della catastrofica sconfitta del re, all'inizio non osò avanzare ulteriormente in territorio moravo. Gli hussiti avanzarono infine a Jamnitz il 10 marzo, che assediarono invano. Quando un piccolo esercito di soccorso austriaco arrivò per aiutare i suoi cittadini, le truppe di Žižka fuggirono addirittura.

Ciononostante, all'inizio del 1422 riuscirono a rafforzare nuovamente la loro posizione in Mo-ravia[62]. Nel frattempo, a Praga si stavano verificando cambiamenti politici decisivi. Una cre-scente opposizione a Jan Želivský si sviluppò intorno al carismatico sacerdote Jakoubek ze Stříbra, i cui scritti avevano creato un fondamento teologico per la lotta armata degli hussiti. Il 7 marzo 1422 Jakoubek accusò Želivský di un atto violento e due giorni dopo lo fece giu-stiziare nella piazza del mercato di Praga. Tuttavia, la decapitazione del sacerdote provocò un tumulto in città. Želivský aveva ancora un forte seguito, come prima, soprattutto tra i poveri della Città Nuova. I suoi sostenitori si mossero per la città uccidendo, saccheggiando e catturando diversi consiglieri. Il quartiere ebraico fu particolarmente danneggiato, anche se i *Figli di Abramo* non avevano nulla a che fare con la morte di Želivský. Durante le successive nuove elezioni del consiglio comunale, i sostenitori di Želivský occuparono la maggior parte delle posizioni. Ma al partito mancava un leader politico. Fu presto evidente che fu lo stesso Želivský a convincere i praghesi moderati, i poveri della Città Nuova, i taboriti e gli orebiti a collaborare. Dopo la sua esecuzione, le differenze interne si trasformarono in spaccature profonde.

59   Palacký, Der Hussitenkrieg 1419-1431, pp. 269-271; Šmahel, Hussitische Revolution II, p. 1231; Durdík, Hussitisches Heerwesen, pp. 207-209; Verney, Warrior of God, p. 152.
60   Palacký, Der Hussitenkrieg 1419-1431, pp. 271-273; Šmahel, Hussitische Revolution II, pp. 1231-1232; Durdík, Hussitisches Heerwesen, pp. 211-212; Verney, Warrior of God, pp. 153-155.
61   Palacký, Der Hussitenkrieg 1419-1431, pp. 273-274; Šmahel, Hussitische Revolution II, pp. 11232-1233; Durdík, Hussitisches Heerwesen, p. 212; Verney, Warrior of God, pp. 156-157.
62   Stöller, Österreich im Kriege gegen die Hussiten, pp. 18-19.

La terza crociata hussita

Dato lo stato di tensione che si respirava nella Boemia del sud, il re Sigismondo si vide costretto a concedere qualcosa in più al Duca d'Austria, così da mantenerlo suo alleato. Albrecht venne dunque nominato governatore in Moravia e ricevette piena autorità su Brno ed altre città. Il duca, oltre a ricevere sussidi dalla tesoreria reale e papale, poté anche contare su 4.000 soldati (di cui 1.000 cavalieri pesanti) di Sigismondo su suolo moravo. All'inizio del 1422 il duca fu in grado di portarsi a casa qualche vittoria nella Bassa Boemia[63]. Nel frattempo, in Boemia iniziavano a notarsi ulteriori segni di divisione nel movimento hussita e, poiché questi avevano ritenuto non valida la coronazione di re Sigismondo, cercavano candidati rivali, possibilmente provenienti da un altro paese. Un primo tentativo di convincere il re polacco Ladislao Jagiello fallì, ma suo fratello Vytautas, Principe di Lituania, decise di inviare a Praga il proprio nipote Sigismondo Korybut, accompagnato dal suo esercito. Egli era pronto ad accettare la corona di Venceslao, anche se inizialmente il suo ruolo fu quello di un governatore, facendo attenzione a risolvere le eventuali faide interne al movimento. Lo stesso Žižka espresse un parere positivo su Korybut, così come re Ladislao. Quest'ultimo, in particolare, lo ritenne in grado di mettere Sigismondo sotto pressione, così da fargli cessare qualsiasi approvvigionamento all'Ordine Teutonico in Prussia. Vytautas dal canto suo, decise di non recarsi personalmente in Boemia per timore di una scomunica del Papa e, mandando un suo emissario, avrebbe potuto scaricare la propria responsabilità politica in qualsiasi momento[64]. Žižka, invece, stava progressivamente prendendo le distanze da una certa visione religiosa; dopo l'esecuzione di Jan Želivský, si allontanò sia dai sacerdoti praghesi che da quelli taboriti. Decise di stare in mezzo ai due partiti, basandosi su teorie politico-religiose che gli orebiti della Boemia orientale avrebbero teoricamente supportato. Dopo la morte di Žižka, i suoi sostenitori formarono un partito religioso separato che si distingueva dai taboriti, tra le altre cose, per il fatto che veneravano i santi come prima, osservavano la Quaresima, credevano nella transustanziazione[65] ed eseguivano opere di misericordia. Per fare ciò, anche Žižka rifiutò la differenza nelle classi. Nonostante questo, la divisione tra i suoi seguaci e i taboriti divenne così marcata che nel corso del 1422 entrambi i gruppi religiosi formarono i propri eserciti, e Žižka non era più al comando dei taboriti stessi.

All'inizio Korybut era in grado di tenere questi nuovi gruppi insieme. Quest'unità permise agli hussiti di tornare di nuovo attivi nella Boemia meridionale e in Moravia. Si ripresero molte città e si spinsero fino in Austria, dove alcune città di confine andarono in fiamme[66]. La Terza Crociata, iniziata nel 1422, aveva già più il carattere di un'azione di soccorso che di una campagna di sottomissione. L'esercito radunato per essa doveva soccorrere il castello reale di Karlštejn a nord di Praga. Il re Sigismondo incaricò Federico I di Brandeburgo di comandare un esercito di circa 4.000 cavalieri e 30.000 soldati[67]. Gli sforzi per radunare questo esercito di soccorso, tuttavia, progredirono molto lentamente. Ad esempio, il vescovo di Wurzburg riferì il 29 settembre 1422, *"che i nostri signori, i Margravi di Meissen, non riuscirono ad acquisire molte persone, quindi capiamo molto bene che non ci saranno uomini armati a cavallo. Non reclutarono*

---

63 Stöller, Österreich im Kriege gegen die Hussiten, pp. 18-19
64 Palacký, Urkundliche Beiträge I, Nr. 193, p. 210; Palacký, Der Hussitenkrieg 1419-1431, pp. 152-155, 185, 254-260, 301-312; Šmahel, Hussitische Revolution II, pp. 1231-1256; Stöller, Österreich im Kriege gegen die Hussiten, pp. 19-20; Bezold, Sigismondo und die Reichskriege, pp. 65-67.
65 La transustanziazione è (soprattutto nella Chiesa cattolica romana) la conversione della sostanza degli elementi eucaristici nel corpo e nel sangue di Cristo alla consacrazione, in forma di pane e vino
66 Palacký, Der Hussitenkrieg 1419-1431, pp. 300-320; Stöller, Österreich im Kriege gegen die Hussiten, p. 20.
67 Palacký, Der Hussitenkrieg 1419-1431, pp. 312-316

Una delle tavole più particolari del "Kriegsbuch" di J.Hartlieb. Dalla raffigurazione di un cerchio di carri da guerra che mostra l'incatenamento di ogni mezzo con l'altro, con assi di legno a protezione dei soldati al loro interno. Vi sono diverse tipologie di armati: balestrieri, cannonieri, e persino uomini che lanciano pesanti

pietre. La truppa sul foglio di sinistra mostra pure un sacco di particolari interessanti. Come un balestriere a cavallo che prende la mira, varie fogge di elmetti, una pesante bombarda sulla collina circondata da molti armati. Infine notate anche gli stendardi hussiti all'interno del wagonkrieg raffigurante il calice e l'oca.

nessuno da questa parte della foresta, anche se molti avrebbero cavalcato felicemente verso di loro"[68]. Poco dopo Federico il Guerriero decise con grande preoccupazione che avrebbe dovuto contare solo su se stesso. In una lettera del 9 ottobre, Guglielmo II riferì a Federico I di Brandeburgo che il Paese poteva radunare poco più di quaranta uomini a cavallo per andare in Lusazia. Con i principi della Slesia, e la Lega delle Sei Città, la situazione sembrava migliore: "*I principi polacchi, i principi di Slesia e delle Sei Città non hanno solo che un centinaio e mezzo di uomini a cavallo, ma anche carri e fanti, uno con l'altro, sommando quattromila uomini.*[69]" Il 14 ottobre l'esercito di Federico von Brandenburg, notevolmente più debole del previsto, marciò in Boemia. Il giorno dopo inviò un messaggero alla guarnigione del castello di Karlštjen per informarli: "*Desideriamo tanto risparmiare corpi e sangue, e veniamo sinceramente in soccorso con tutte le nostre capacità[70]*". Ma Federico sapeva che il suo esercito era troppo debole e poco dopo chiese al margravio di Meissen di correre in suo aiuto. Lo stesso Brandeburgo si affrettò a recarsi nella Boemia settentrionale per conferire con il Margravio al più tardi il 20 ottobre. Successivamente tornò verso Tachov per chiedere aiuto ai nobili della Boemia occidentale. Federico von Meissen rimase al suo posto con le sue forze, mentre Federico von Brandenburg marciò verso est.

A quanto pare scoppiò una lite all'interno dell'esercito, poiché i vescovi di Wurzburg e Bamberga erano tornati a casa con i loro vassalli, i soldati di Cheb dovevano essere mantenuti in vigore con la forza, mentre il margravio di Meissen non voleva allontanarsi da Most. Una grave pestilenza era scoppiata tra le leve della Slesia e di Lusazia, che costrinse entrambi a tornare a casa[71].

Nel frattempo, gli sforzi degli Hussiti per ottenere la caduta del castello di Karlštejn vennero messi a repentaglio a causa di controversie interne. Mentre l'esercito di Praga di circa 4-5.000 uomini e 200 cavalieri si erano accampati davanti alla fortezza, i taboriti cercarono di catturare l'Hradschin. L'attacco a sorpresa venne però respinto dai borghesi. I disordini nella capitale costrinsero Sigismondo Korybut a lasciare sempre più spesso le truppe d'assedio al comando di Karlštejn per consolidare il suo traballante governo. Non rischiò di chiedere l'appoggio militare a Žižka e ai taboriti. Korybut temeva che così facendo sarebbe diventato militarmente dipendente; cosa che sarebbe diventata rapidamente anche una dipendenza politica[72].

L'infruttuoso attacco a sorpresa accentuò ulteriormente la spaccatura tra i praghesi e i taboriti. Essi divennero ancora più radicali sotto la guida di Václav Koranda. Mentre l'esercito dei taboriti rimase sul campo, nel corso del 1422 nella fortezza della Boemia meridionale si svolsero una serie di sinodi che teologicamente allontanarono ancora di più i fratelli dagli utraquisti. Questa radicalizzazione alla fine alienò anche Jan Žižka, il più importante comandante dei taboriti[73]. Mentre l'esercito crociato stava cadendo a pezzi e molte unità si erano già ritirate dalla Boemia, l'8 novembre 1422 la guarnigione di Karlštejn e gli hussiti raggiunsero un accordo. Fu concluso un cessate il fuoco di un anno che comprendeva anche i castelli di Valdek e Hořic[74]. Tuttavia, Sigismondo dovette risarcire i più importanti elettori per i loro rispettivi sforzi. Il margravio Federico I di Meissen approfittò in modo particolare delle sue campagne. Nel 1422 gli furono assegnati diversi castelli nel Vogtland e quando nel novembre di quell'anno morì l'ultimo degli elettori ascolaniani di Sassonia, il margravio fu elevato al livello successivo della nobiltà. Un lungo conflitto scoppiò per la successione ascanica tra i Wettiners e gli Hohen-

68   Palacký, Urkundliche Beiträge I, Nr. 213, p. 239.
69   CDS 1 B 4, Nr. 212, p. 129.
70   Palacký, Urkundliche Beiträge I, Nr. 225, p. 252.
71   Palacký, Urkundliche Beiträge I, pp. 240-261; Bleicher, Das Herzogtum Niederbayern, pp. 128-129.
72   Palacký, Der Hussitenkrieg 1419-1431, pp. 317-318; Bezold, Sigismondo und die Reichskriege, pp. 70-73.
73   Verney, Warrior of God, pp. 173-175.
74   Palacký, Urkundliche Beiträge I, Nr. 243, p. 267; Bezold, Sigismondo und die Reichskriege, pp. 100-122; Bleicher, Das Herzogtum Niederbayern, p. 129.

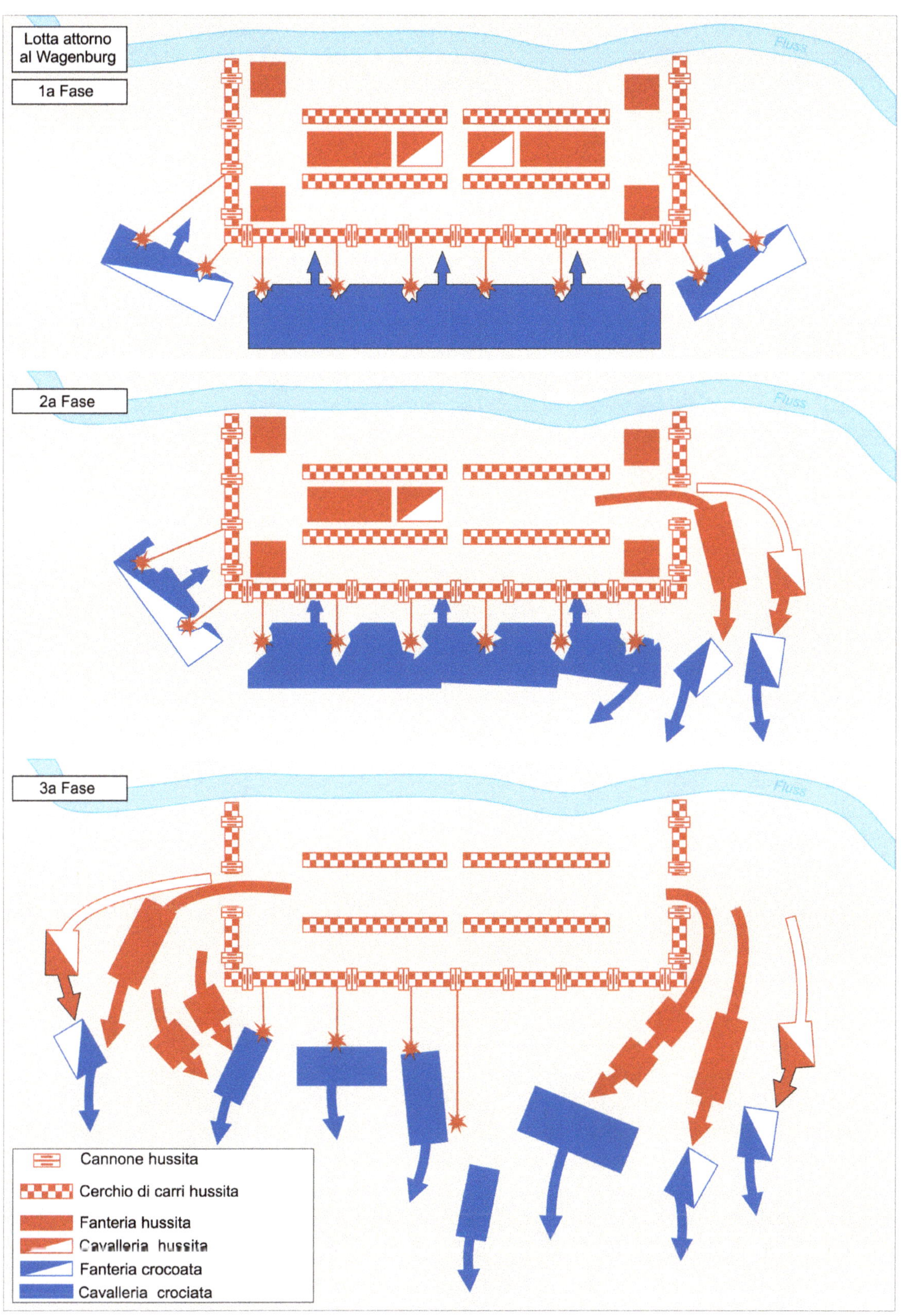

Tipico esempio di tattica hussita

zollerns che si erano stabiliti anch'essi nel Brandeburgo, legando temporaneamente le forze di entrambe le dinastie e alleviando la pressione sugli hussiti nel nord. Il 15 aprile 1423, Sigismondo cedette anche al Margravio le città boeme di Most e Ústi, che Federico aveva difeso l'anno precedente. Ma questi guadagni territoriali avrebbero avuto gravi conseguenze per i Sassoni di Wettin[75].

Rotture interne

Nel frattempo le condizioni politiche a Praga erano di nuovo cambiate. I borghesi di Praga cercarono di concludere un'alleanza con il nobile hussita per porre fine alla guerra. Sigismondo Korybut, che fino a quel momento aveva saputo tenere insieme i partiti con grande impegno, fu di nuovo richiamato da Praga da Vytautas nel novembre del 1422, dopo che la Polonia era riuscita a realizzare i suoi interessi territoriali contro l'ordine teutonico. Vytautas si sottrasse abilmente alle sue responsabilità. Dichiarò di voler ricondurre i boemi all'ovile della Chiesa romana. Ma essi lo avevano ingannato con l'offerta della corona, eppure non avevano alcuna intenzione di rinunciare all'eresia (che non avevano mai fatto valere nei confronti di Vytautas). A fine marzo 1423, Korybut ritornò in Polonia passando per la Moravia. Sigismondo garantì una condotta sicura all'amministratore della Corona. Allo stesso tempo, la pausa tra Jan Žižka e i taboriti era diventata così seria che Žižka lasciò la comunità. Il comandante cieco si trasferì nella parte orientale del paese e si unì agli orebiti. Žižka formò un nuovo esercito ed emanò la sua famosa Direttiva di guerra in cui immesse tutta la sua esperienza di soldato[76]. Nella primavera del 1423, sembrava che all'interno del movimento hussita si verificassero due spaccature. Da un lato, Jan Žižka iniziò una guerra contro i baroni utraquisti, dall'altro i praghesi si rivoltarono contro i taboriti. Perciò, alla fine di marzo, i taboriti si misero al servizio del comandante cieco dell'esercito. Quando i praghesi cominciarono ad assediare la fortezza di Kříženec vicino al Tábor, Žižka radunò il suo esercito a Havlíčkův Brod, per affrettarsi in aiuto dei suoi fratelli. Tuttavia, il 20 aprile il suo esercito da campo e un soldato dei nobili della Boemia orientale si scontrarono a Hořic. Come al solito, l'esercito di Žižka prese posizione su una ripida collina e formò un wagenburg. I cavalieri dei nobili dovettero smontare e prendere d'assalto la posizione a piedi. Durante la salita sulla collina l'attacco perse il suo slancio, mentre le perdite aumentarono a causa dei bombardamenti del wagenburg. Infine il comandante cieco dell'esercito ordinò un contrattacco che distrusse l'esercito nemico. Poco dopo, un esercito taborita sotto Bohuslav ze Švamberka riuscì a liberare il castello di Kříženec[77]. Nell'estate del 1423, Diviš Bořek z Miletínka, che era stato uno dei capitani più importanti di Hořic, litigò con Jan Žižka. Miletínka prese il comando dell'esercito di Praga, che poi condusse nella Boemia orientale. Un primo incontro armato della "Lega dei signori" contro Žižka si era già concluso il 4 agosto con la vittoria dei radicali a Strachuv Dvur, vicino a Hradec Králové, dove gli orebiti catturarono 200 prigionieri. Presumibilmente Žižka stesso, usando la sua mazza, uccise un prete catturato dall'esercito di Praga, che aveva portava con sé il pane dell'altare[78]. Ma la sconfitta significò solo una temporanea battuta d'arresto per la Lega. Nello stesso mese, altri due eserciti praghesi avanzarono su Hradec Králové e Čáslav. Žižka era entrato con la maggior parte degli eserciti orebiti. I praghesi iniziarono un assedio prolungato. Gli alleati

---

75   CDS 1 B 4, Nr. 271, p. 165; Palacký, Urkundliche Beiträge I, Nr. 265, pp. 291-293; Palacký, Der Hussitenkrieg 1419-1431, pp. 318-324; Krocker, Sachsen und die Hussitenkriege, p. 6; Ermisch, Schlacht bei Außig, p. 6; Meinhardt, Im Dienste des Königs, pp. 115-117.

76   Šmahel, Hussitische Revolution II, pp. 1277-1278; Verney, Warrior of God, p. 176.

77   Palacký, Der Hussitenkrieg 1419-1431, pp. 331-333; Šmahel, Hussitische Revolution II, pp. 1281-1284.

78   Verney, Warrior of God, pp. 191-192; Bezold, Sigismondo und die Reichskriege, p. 13.

Sigismondo Korybut assedia una città. Notare la spada ricurva del comandante. Dal *"Geschichte Kaiser Sigismondo"*.

di Žižka, tra cui Mathias Lupák, decisero di inviare rinforzi. Per fermarli, i praghesi posizionarono una parte del loro esercito sul fiume Elba vicino a Kolín. Il 22 agosto, l'esercito di soccorso orebita arrivò a Týnec, circa tredici chilometri a nord di Kolín. I praghesi sferrarono un attacco a sorpresa e massacrarono 300 orebiti, tra cui Lupák, ma non riuscirono a prendere Čáslav. L'esercito di Praga dovette interrompere l'assedio lasciando una forte guarnigione nella vicina Kutná Hora. Jan Žižka era riuscito a difendere l'indipendenza dell'alleanza orebita. Un cessate il fuoco stabilito poco dopo pose fine alle ostilità fino al marzo del 1424[79].

Nell'autunno del 1423, Žižka effettuò una grande operazione in Moravia. Il suo esercito avanzò fino a Jihlava, la cui guarnigione, rafforzata dai mercenari austriaci, combatté, ma fu duramente sconfitta. Ma poiché la città era ben fortificata, gli orebiti interruppero l'assedio dopo pochi giorni. Tuttavia il 19 ottobre presero d'assalto Telč. L'esercito probabilmente attraversò temporaneamente il Danubio per razziare un mandria di bestiame dall'Austria. Ad ogni modo, non ci fu un raid su larga scala in Austria e Ungheria, come alcuni cronisti riferiscono. Žižka non cercò mai di portare la guerra oltre il confini del regno. La sua assenza venne comunque sfruttata dagli utraquisti per radunare nuove forze durante l'inverno di 1423-1424[80]. Nell'ottobre del 1423 nel monastero di Sankt-Gallus, gli utraquisti adottarono un nuovo accordo di pace che era chiaramente diretto contro i taboriti e gli orebiti intorno a Jan Žižka. La decisione presentava un ulteriore tentativo di ottenere compromessi con il Papa per porre fine alla guerra e per mantenere almeno in parte le riforme hussite. Tuttavia, i radicali, cioè i taboriti e l'esercito da campo di Žižka, considerarono tali sforzi come tradimento[81]. Nei primi mesi del 1424, Jan Žižka condusse diversi campagne contro i baroni realisti ottenendo una serie di piccoli successi. Dopo il cessate il fuoco con la Lega dei Signori scaduto a marzo, attaccò il castello di Hostinné appartenente alla Krušina z Lichtemburka, che si era unita alla Lega. Ma gli orebiti non furono in grado di prendere il castello. Si trasferirono nella città di Mlazovice, che distrussero completamente. Mentre Žižka distruggeva le proprietà di Krušina z Lichtemburka, i praghesi raccoglievano nuove forze[82]. In aprile l'esercito orebita si volse finalmente ad ovest per sostenere i taboriti in un attacco alla "pace pubblica" di Pilsen. Con questo, tuttavia, Praga si trovava tra l'esercito di Žižka e le sue basi operative della Boemia

79   Verney, Warrior of God, pp. 192-193

80   Palacký, Der Hussitenkrieg 1419-1431, pp. 338-341; Šmahel, Hussitische Revolution II, pp. 1285-1303; Verney, Warrior of God, p. 193; Durdík, Hussitisches Heerwesen, pp. 213-214.

81   Palacký, Der Hussitenkrieg 1419-1431, pp. 337-338; Šmahel, Hussitische Revolution II, pp. 1285-1290; Durdík, Hussitisches Heerwesen, p. 213.

82   Verney, Warrior of God, pp. 196-197.

Il duca Alberto d'Austria assedia un castello in Moravia. Dal *Geschichte Kaiser Sigismondo*.

orientale. Siccome solo una piccolissima parte dei taboriti si era unita all'esercito, non poteva rischiare un attacco a Pilsen da solo e condusse semplicemente un'insurrezione nella Boemia occidentale. Gli utraquisti richiesero il supporto di altre guarnigioni e nel mese di maggio ricevettero la cavalleria come rinforzo da Karlštejn. Le forze realiste offrirono una battaglia agli orebiti, ma Žižka si ritirò a Louny. Ma poiché questa città apparteneva alla Lega della città di Praga, i consiglieri della città considerarono l'alleanza di Louny con gli orebiti come un'alleanza traditrice e mobilitarono il loro esercito. Žižka si spostò più a est[83].

Nel giugno del 1424, un grande esercito di Praga e della Lega dei Signori si mosse contro Žižka, che aveva stabilito il suo campo a Kostelec nad Labem. Le forze orebite erano circondate.

I realisti della Lega dei Signori inviarono al re Sigismondo la notizia di una vittoria. Ma l'abile comandante dell'esercito si ritirò sulla riva orientale e si allontanò dal suo nemico. Žižka cercò un campo di battaglia adatto e alla fine ne trovò uno a Malešov, vicino a Kutná Hora.

A sud-ovest della città c'era un'alta collina che era chiusa su due lati dai torrenti Maleskova e Svadlenka. Il comandante dell'esercito cieco informò il suo capitano Jan Hvězda z Vícemilic sui vantaggi del terreno. Žižka schierò il suo wagenburg con il fronte rivolto verso Malešov, ma questa volta non intendeva barricare le sue forze dietro di esso, bensì posizionare la sua fanteria, affiancata dalla cavalleria, davanti al wagenburg. Posizionò molti carri di rifornimento carichi di pietre dietro la fanteria[84]. Quando le forze della Lega dei Signori passarono la profonda valle del torrente Maleskova, scoprirono che non c'era abbastanza spazio ai piedi della collina per dispiegarsi. Mentre stavano assemblando con attenzione ed esitazione le loro forze, Žižka fece avanzare le proprie linee. La cavalleria sui fianchi si sciamò e all'improvviso la fanteria lasciò che i carri pesanti rotolassero giù per la collina. I carri tagliarono ampie fasce nei ranghi dei praghesi provocando una gran confusione. Nello stesso momento, gli obici nel wagenburg spararono una salva che aumentò il caos, poi Žižka ordinò l'attacco su tutta la linea. Gli hussiti guidarono l'esercito di Praga giù per la collina. Le unità di prima linea fuggirono in preda al panico e causarono confusione nelle formazioni successive. La cavalleria di Žižka inseguì i nemici sconfitti e ne uccise un gran numero. Molti cannoni, carri e armi caddero nelle mani degli hussiti[85]. La Battaglia di Malešov è un esempio impressionante della cura con cui le singole fazioni hussite operarono insieme. Poco dopo, Jan Žižka catturò Kutná Hora e più tardi anche Havlíčkův Brod e Nymburk, che non opposero quasi nessuna resistenza[86].

"Re" Korybut

Poiché Sigismondo non poteva mantenere la Moravia con le proprie forze, nell'ottobre del 1423 trasferì il Margraviato come feudo ad Albrecht d'Austria. Nel frattempo, poiché il re non poteva organizzare una nuova crociata, il 17 gennaio 1424 i principi imperiali strinsero una nuova alleanza a Bingen (sul Reno). Gli obiettivi dell'alleanza erano la protezione dell'Impero dagli attacchi hussiti e lo sradicamento dell'eresia[87]. Negli anni successivi, l'Impero non fu in grado di organizzare una nuova crociata, così gli hussiti concentrarono la loro attenzione sui combattimenti nella Boemia meridionale. Ulrich von Rosenberg rimase il loro avversario più accanito. All'inizio del 1424, Jan Hvězda z Vícemilic, detto Bzdinka, assediò senza successo Třeboň. Respinto dalla guarnigione, si voltò a sud e catturò il castello di Nové Hrady. Succes-

83   Verney, Warrior of God, pp. 196-201.
84   Palacký, Der Hussitenkrieg 1419-1431, pp. 348-349; Smahel, Hussitische Revolution II, pp. 1315-316; Durdík, Hussitisches Heerwesen, pp. 213-216.
85   Palacký, Der Hussitenkrieg 1419-1431, pp. 349-350; Durdík, Hussitisches Heerwesen, pp. 217-221.
86   Palacký, Der Hussitenkrieg 1419-1431, pp. 349-350; Durdík, Hussitisches Heerwesen, pp. 217-221.
87   Palacký, Der Hussitenkrieg 1419-1431, pp. 351-352; Stöller, Österreich im Kriege gegen die Hussiten, pp. 23-24.

sivamente le unità hussite avanzarono fino all'Alta Austria[88]. L'hussita Hassiko von Waldstein operò con successo in Moravia contro il vescovo di Olomouc. Ma il conflitto tra i taboriti e gli utraquisti impedì agli hussiti di condurre campagne congiunte di grande portata. Gli utraquisti acconsentirono a un cessate il fuoco con le proprietà terriere cattoliche che Žižka non era pronto ad accettare e quindi condusse una campagna molto distruttiva nel nord della Boemia. Il 9 settembre, il suo esercito raggiunse il villaggio di Libeň (oggi quartiere di Praga) da dove gli orebiti potevano vedere il Vyšehrad. Ma proprio in quelle settimane, Sigismondo Korybut tornò in Boemia. L'ex amministratore della Corona ora ambiva diventare il re anche se suo zio Vytautas l'aveva avvertito di non farlo. Nonostante ciò, il 29 giugno, Korybut si recò a Praga dove la popolazione lo accolse calorosamente. Compose con decisione una lettera di rifiuto a Sigismondo e il duca Albrecht d'Austria. Nella lettera introduzione, si riferì a se stesso come *"Noi, Sigmund, con la grazia di Dio, il Duca di Lituania e del Regno di Boemia e il Margraviato di Moravia proclamiamo il re prescelto[89]"*. Eppure nessuno aveva mai scelto Korybut. Quello citato è l'unico documento conservato, rimasto, in cui egli viene titolato come tale. Per poter realizzare effettivamente queste rivendicazioni, era necessario un rapido trattato con gli orebiti. In effetti, il 14 settembre 1424, con Žižka, riuscì ad accordarsi con il cosiddetto Trattato di Libeň. Per Korybut questo rappresentò un successo politico importante, perché ora aveva unito tutte le forze hussite sotto di lui e poteva condurre una nuova campagna in Moravia[90].

Il duca Albrecht d'Austria fu l'unico a organizzare una nuova campagna anti-hussita in Moravia nell'estate del 1424 e il primo di luglio radunò un esercito a Laa[91]. Sigismondo sostenne questa campagna con soli 4.000 ungheresi. Nonostante ciò, il duca riuscì ad avanzare con successo in Moravia. Gli austriaci catturarono molti castelli hussiti e nella marcia bruciarono un centinaio di villaggi. Albrecht riuscì a conquistare rapidamente la Moravia meridionale e decise di rivolgersi alla stessa Boemia. Sperava di unirsi agli utraquisti, così, il 27 luglio, scrisse a Ulrich von Rosenberg che voleva chiamare i nobili hussiti moderati a un'assemblea a Jihlava. Ma nel frattempo, i nobili si erano rivolti a Sigismondo Korybut dopo il suo arrivo a Praga. Infatti Albrecht riuscì ad avanzare fino a Olomouc in agosto ma in questo momento l'amministratore lituano aveva unito le varie fazioni hussite sotto il Trattato di Libeň. Quando anche Ulrich von Rosenberg accettò un cessate il fuoco con gli hussiti, Albrecht tornò in Austria a settembre[92]. Poi fu il turno degli hussiti di passare all'offensiva. Il 29 settembre Žižka e Korybut lasciarono Praga con i loro eserciti combinati e marciarono verso Přibyslav. L'11 ottobre 1424, prima che la fortezza cadesse e gli hussiti la distruggessero fino alle sue stesse fondamenta, Jan Žižka morì, presumibilmente di peste. Quando il castello cadde qualche tempo dopo, gli hussiti bruciarono tutti i difensori sul rogo. Alla fine di ottobre, i taboriti e gli orfani presero d'assalto la città di Ivančice, per costruirvi una fortezza. Poi molti degli hussiti moravi, che avevano già reso omaggio al duca Albrecht in estate, si unirono di nuovo ai taboriti, catturarono la città fortificata di Břeclav e da lì organizzarono un devastante assalto all'Austria. Così il duca Albrecht si vide costretto a mobilitare la Landwehr (milizia). Ma nuove dispute scoppiarono tra i taboriti e gli utraquisti per la divisione del bottino. Di conseguenza Sigismondo Korybut tornò in Boemia con gli hussiti moderati, mentre un esercito più piccolo conquistò altre città sul confine tra Austria e Moravia[93].

---

88   Stöller, Österreich im Kriege gegen die Hussiten, p. 24.
89   Palacký, Urkundliche Beiträge I, Nr. 304, p. 356.
90   Stöller, Österreich im Kriege gegen die Hussiten, pp. 24-25; Verney, Warrior of God, pp. 206-209.
91   Laa an der Thaya è una città del distretto di Mistelbach in Bassa Austria, vicino al confine ceco in Austria.
92   Palacký, Der Hussitenkrieg 1419-1431, pp. 356-358; Šmahel, Hussitische Revolution II, pp. 1334-1345; Stöller, Österreich im Kriege gegen die Hussiten, pp. 25-28.
93   Stöller, Österreich im Kriege gegen die Hussiten, pp. 27-29.

Albrecht sfruttò l'opportunità e avanzò di nuovo in Moravia con il suo esercito che era stato rinforzato dal Landwehr. Passò per Brno e Olomouc fino a Zábřeh, dove il re polacco aveva mandato in suo aiuto 5.000 cavalieri. Ma Albrecht non si fidò dell'offerta e rimandò i cavalieri polacchi a casa. A novembre fece marciare le sue forze verso Vienna[94]. All'inizio, dopo la morte di Žižka, ci fu un rilassamento dei rapporti tra gli hussiti. Negli ultimi mesi della sua vita Žižka aveva impedito una riconciliazione con il Re e con il Papa. Žižka lasciò un vuoto che Sigismondo Korybut inizialmente colmò. Anche se Korybut riuscì a riportare le singole parti al tavolo delle trattative, non fu possibile ottenere risultati decisivi[95].

Un'altra assemblea imperiale era prevista per il 1425 a Vienna, ma la maggior parte dei principi non vi partecipò. Fu solo la mancanza di consenso tra gli elettori che impedì la destituzione di Sigismondo dalla carica di "re romano" in quel momento. Fu infatti la disunione dei principi imperiali che permise ad un esercito utraquista di invadere nuovamente l'Alta Austria in marzo. Quando Albrecht radunò la Landwehr a Laa, gli hussiti marciarono di nuovo verso nord senza dover affrontare grandi battaglie[96]. Ma in estate i taboriti conquistarono importanti fortezze nella Boemia meridionale e si prepararono a una nuova invasione dell'Austria. Mentre Albrecht metteva in allerta i castelli di confine, l'attacco hussita perse slancio a causa delle rinnovate divergenze interne tra i taboriti e gli utraquisti. Così il duca d'Austria riuscì a concludere un'alleanza anti-hussita tra Sigismondo, lui stesso e l'elettore Federico il Guerriero il 25 luglio a Vác. Ad Albrecht venne poi concesso un diritto alla corona reale di Boemia. Inoltre, Federico promise di dargli il suo voto per l'elezione a Re Romano nel caso in cui Sigismondo fosse morto[97].

Per contro, lo schieramento dell'esercito austriaco per la campagna di quell'anno si era arenato. Solo il 6 ottobre Albrecht marciò in Moravia e si unì alle forze di Sigismondo a Dalešice. L'obiettivo degli eserciti combinati era la città di Třebíč, occupata dagli hussiti, che erano rimasti all'assedio per tutto il mese. Il successore di Bzdinka, Bohuslav ze Švamberka, difese la città con successo. Allo stesso tempo, gli hussiti moravi si ribellarono contro Albrecht che, proprio come il re Sigismondo, si ritirò dalla Moravia, in modo che gli hussiti potessero assediare i castelli fedeli al re senza interferenze. Così le forze principali sotto Sigismondo Korybut e Bohuslav ze Švamberka si unirono a Moravské Budějovice e avanzarono verso l'Austria passando per Znojmo. Il 12 novembre gli hussiti distrussero il monastero di Louka e in seguito assediarono la città di Retz (in Bassa Austria), che oppose una dura resistenza. All'inizio non riuscirono a superare le mura della città, quindi depredarono completamente la campagna circostante. Albrecht, allarmato da questa incursione, si precipitò a Vienna e cercò di radunare un esercito di soccorso in gran fretta. Le truppe si riunirono a Laa e a Eggenburg. Albrecht stesso stabilì il suo accampamento a Kreuzenstein, esattamente tra le due città. Questa disposizione fa pensare che il duca inizialmente si preoccupasse soprattutto di proteggere Vienna. Tuttavia molte città e paesi austriaci, soprattutto la stessa Vienna, si rifiutarono di inviare i soldati necessari. Così Albrecht non si vide nella posizione di difendere Retz. Nel frattempo, durante un attacco alla città, Bohuslav ze Švamberka era morto, colpito in faccia da una freccia. Poi gli hussiti minarono le mura della città. Nella notte del 25 novembre gli hussiti presero d'assalto Retz nella breccia che ne risultò. Si suppone che 6.000 persone siano state uccise e altrettante catturate durante i saccheggi successivi. Questo numero sembra credibile solo se si ipotizza che gran parte della popolazione della campagna circostante fuggì all'interno delle mura della città. Poco dopo gli hussiti presero anche Pulckau, poi si ritirarono in Boemia con

94   Palacký, Der Hussitenkrieg 1419-1431, pp. 358-359; Stöller, Österreich im Kriege gegen die Hussiten, p. 29.
95   Palacký, Der Hussitenkrieg 1419-1431, pp. 375-379.
96   Palacký, Der Hussitenkrieg 1419-1431, pp. 379-382; Stöller, Österreich im Kriege gegen die Hussiten, pp. 29-32.
97   Palacký, Der Hussitenkrieg 1419-1431, pp. 390-391; Stöller, Österreich im Kriege gegen die Hussiten, pp. 31-32.

il loro bottino prima che Albrecht avesse radunato il suo esercito[98].

Dopo queste mosse, divenne sempre più evidente una profonda divisione all'interno del movimento. I taboriti e gli orfani si separarono mentre i praghesi e gli utraquisti cercarono ancora una volta di riconciliarsi con la chiesa fondata. La maggior parte dei nobili orebiti della Boemia orientale si separarono per unirsi agli utraquisti, mentre le piccole città e i contadini simpatizzavano con i taboriti. La scissione risaliva essenzialmente alla morte di Žižka, che era riuscita a unire i singoli gruppi. La frattura non era tanto l'espressione delle lotte di potere che i suoi successori conducevano, quanto l'eterogeneità degli eserciti regionali.

Ciò portò nel 1425 allo scoppio di una vera e propria guerra civile tra gli orebiti nell'est del paese, che non riguardava tanto le questioni religiose quanto quelle sociali tra i nobili da una parte, e i cittadini e i contadini dall'altra[99]. Al contrario, i taboriti e gli orfani tentarono di impossessarsi della capitale. Il 31 marzo, le unità appartenenti a Jan Hvězda z Vícemilic, Jan Rohács di Duba, Bohuslavs ze Švamberka e probabilmente anche le forze appartenenti a Jan Hertvíks di Ruśinov e gli orfani di Hradec Králové, marciarono verso la Città Nuova di Praga. Durante la notte, i praghesi cercarono di scalare le mura, ma furono respinti dai difensori allo stremo. Si spostarono quindi verso nord e, il 5 aprile, con le leve di Žatec e Louny circondarono la città di Slaný che cadde dodici giorni dopo. Dopo aver conquistato una serie di altre città e castelli nelle vicinanze, gli eserciti si divisero operando ampie distruzioni attraverso la Boemia occidentale e orientale[100]. In estate un'ondata di caldo e la peste infuriarono nel paese, e presumibilmente portarono alla morte anche Čeněk von Wartenberg. A settembre, i taboriti circondarono l'importante castello di Wożic nel quartiere di Pilsen. Il signore del castello, Materna von Ronow, oppose una forte resistenza agli hussiti e alla fine ricevettero rinforzi da parte dell'esercito degli orfani. Il combinato esercito allora aveva abbastanza forza da poter inviare anche un forte distaccamento contro i moderati praghesi.

L'assedio durò cinque settimane e il leader dei Taboriti, Jan Hvězda, fu ferito da una freccia durante i combattimenti. Sul letto di morte, ricevette la notizia che Sigismondo Korybut era arrivato nel campo per negoziare un trattato tra le singole parti. Questo entrò in vigore il 18 ottobre. Jan Hvězda ne fu così felice che dopo la caduta di Wożic ordinò di risparmiare la guarnigione. Poiché in quel momento i pilseniani non potevano aspettarsi alcun aiuto dal re Sigismondo, anche loro acconsentirono ad un cessate il fuoco subito dopo. Contemporaneamente si conclude una tregua di un anno con Sigismondo e gli abitanti di Pilsen. Nel frattempo solo le forze del duca Albrecht rimasero davanti a Trebitsch, perché Sigismondo si era ritirato a Brno. Così, all'inizio di novembre, Sigismondo Korybut si voltò verso Trebitsch per dare sollievo alla città. I taboriti e gli orfani lo seguirono presto. Poco dopo, Jan Hvězda morì vicino a Kamenice[101]. Fino al 1426, le guerre hussite si limitarono essenzialmente alle campagne in Boemia. Il movimento pensava solo a difendere i propri interessi e non a rappresaglie contro i territori dei principi che li attaccavano, come a Meissen. Solo l'Alta Austria era malconcia. In questa fase, però, non si può parlare di una grande paura degli hussiti nell'Impero. Gli eretici erano semplicemente troppo lontani per la gente comune dell'Impero[102]. Le città di Most e Ústi, da cui Federico il Guerriero lanciò i suoi attacchi alla Boemia, erano importanti obiettivi degli attacchi hussiti. Nell'autunno del 1424, un esercito hussita circondò Ústi per la prima volta, ma Federico riuscì a rompere l'anello d'assedio con l'aiuto delle Sei Città di Lusazia.

---

98   Palacký, Der Hussitenkrieg 1419-1431, pp. 396-398; Stöller, Österreich im Kriege gegen die Hussiten, pp. 34-36.
99   Palacký, Der Hussitenkrieg 1419-1431, pp. 383-387; Šmahel, Hussitische Revolution II, pp. 1356-1358.
100   Palacký, Der Hussitenkrieg 1419-1431, pp. 387-389; Šmahel, Hussitische Revolution II, pp. 1350-1352.
101   Palacký, Der Hussitenkrieg 1419-1431, pp. 392-395; Šmahel, Hussitische Revolution II, pp. 1362-1364; Österreich im Kriege gegen die Hussiten, er, pp. 32-34.
102   Krocker, Sachsen und die Hussitenkriege, pp. 1-2, 6.

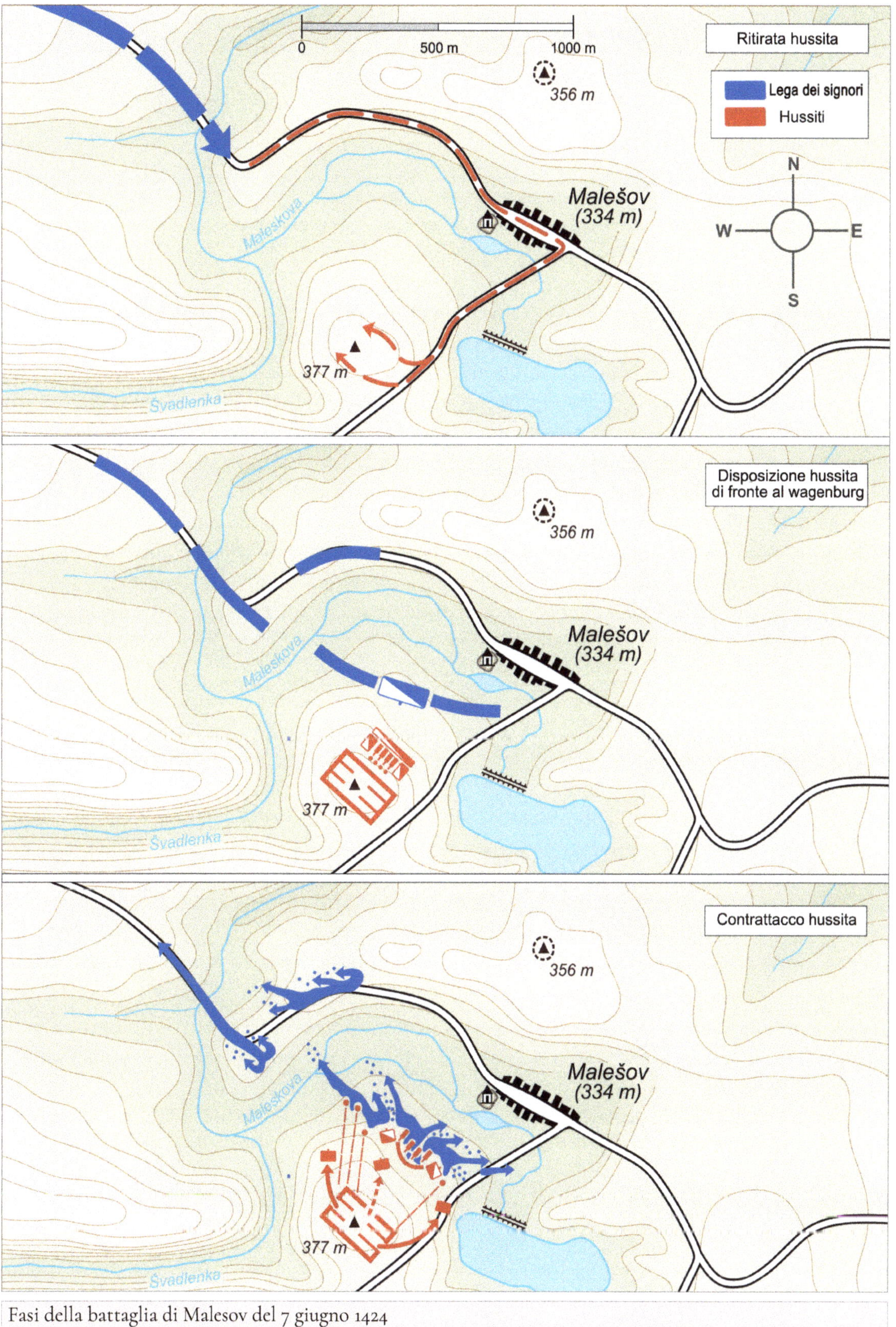

Fasi della battaglia di Malesov del 7 giugno 1424

Nel 1425, gli hussiti riuscirono a sconfiggere un piccolo esercito di sassoni di Meissen a Duchcov e prepararono un nuovo assedio delle due città fortificate, che spinse Federico a rafforzare le sue guarnigioni all'inizio del 1426[103].

La battaglia di Ústi

Nel gennaio del 1426 i taboriti parteciparono ad un'assemblea che, dopo lunghe trattative, riconobbe i Quattro Articoli di Praga. Inoltre decisero che la guerra era ancora accettabile solo come mezzo di difesa - una dichiarazione a parole, perché presto le *"belle cavalcate"*[104] oltre confine sarebbero diventate campagne di saccheggio necessarie per la sopravvivenza.

Nel maggio e giugno del 1426 all'Assemblea imperiale di Norimberga, Sigismondo chiese un nuovo esercito di circa 18.000 cavalieri da radunare per una quarta crociata. Ma i principi protestarono. Un esercito così grande non potevano essere messo insieme nell'Impero e non poteva essere approvvigionato in Boemia. Queste proteste da sole dimostrano che i numeri gonfiati delle campagne precedenti non erano realistici[105]. Anche durante le trattative giunsero rapporti catastrofici dalla Boemia settentrionale. Gli hussiti avevano preso di nuovo l'assedio di Ústi. Il 10 febbraio, i comandanti della città riferirono all'elettore sassone Katharina *"...che gli orfani si trasferiranno venerdì prossimo da Schlaan a Laun, e abbiamo ricevuto messaggi effettivi che arriveranno tra tre giorni e vogliono prenderci d'assalto e assediarci a Ústi, e hanno ha chiesto aiuto a Lutenbritz, Saatz e altre città, che ora si riuniscono a Laun[106]"*.

Mentre l'elettore Federico di Meissen era al Reichstag di Norimberga, ricevette lettere da sua moglie che lo avvertivano che gli hussiti avevano preso Česká Lípa e che ora erano diretti a Most o a Ústi per poter eventualmente attaccare Meissen da lì. In realtà diversi eserciti si stavano dirigendo verso i due bastioni sassoni. Česká Lípa fu presa da un'armata sotto Johann Rohacz di Duba, mentre Sigismondo Korybut e Procopio il Calvo guidarono i loro eserciti in quella direzione attraverso la valle di Cheb, passando per Krupka e Teplice. In questo momento, Procopio il Calvo era poco conosciuto, ma nel breve, il sacerdote sarebbe diventato uno dei più importanti comandanti dell'esercito hussita, il vero successore di Jan Žižka[107]. Alla notizia dell'avvicinamento degli eserciti hussiti, si formò un esercito di soccorso sassone con le leve dei cavalieri e delle città di Meissen, che si riunirono e furono radunati nel Gross Bobritzschbei Freiberg in Sassonia. I rapporti sulla forza di questo esercito variano enormemente.

Alcuni cronisti hanno riferito di 100.000 uomini. Ma se era impossibile per l'intero Impero reclutare un tale esercito, come avrebbe potuto farlo un solo principe? Le stime più realistiche si aggirano tra gli 8.000 e i 25.000 uomini. La forza delle truppe riunite a Gross Bobritsch probabilmente ammontava a 8.000 uomini. Ma l'esercito sassone era composto da tre elementi, ai quali si aggiunsero le truppe delle Sei Città, cosicché la forza totale poteva essere di 25.000 uomini. Le truppe delle Sei Città sotto il comando di Hans von Kolditz si erano riunite a Grosshennesdorf in maggio. Il loro obiettivo era in realtà il recupero della città di Česká Lípa, duramen-

---

103 CDS II 8, Nr. 141, p. 94; Krocker, Sachsen und die Hussitenkriege, p. 7; Ermisch, Schlacht bei Außig, pp. 6-7; Krzenck: Hussitenkriege, pp. 60-61.

104 Palacký, Urkundliche Beiträge I, Nr. 381, p. 430.

105 Querengässer, Triumph for the heretics, p. 42; Palacký, Der Hussitenkrieg 1419-1431, pp. 405-407; Krocker, Sachsen und die Hussitenkriege, pp. 6-7; Bezold, Sigismondo und die Reichskriege II, pp. 81-82.

106 CDS II 8, Nr. 142, p. 95

107 Querengässer, Triumph for the heretics, pp. 42-43; Palacký, Der Hussitenkrieg 1419-1431, pp. 407-408; Krocker, Sachsen und die Hussitenkriege, pp. 9-10; Ermisch, Schlacht bei Außig, pp. 6-7.

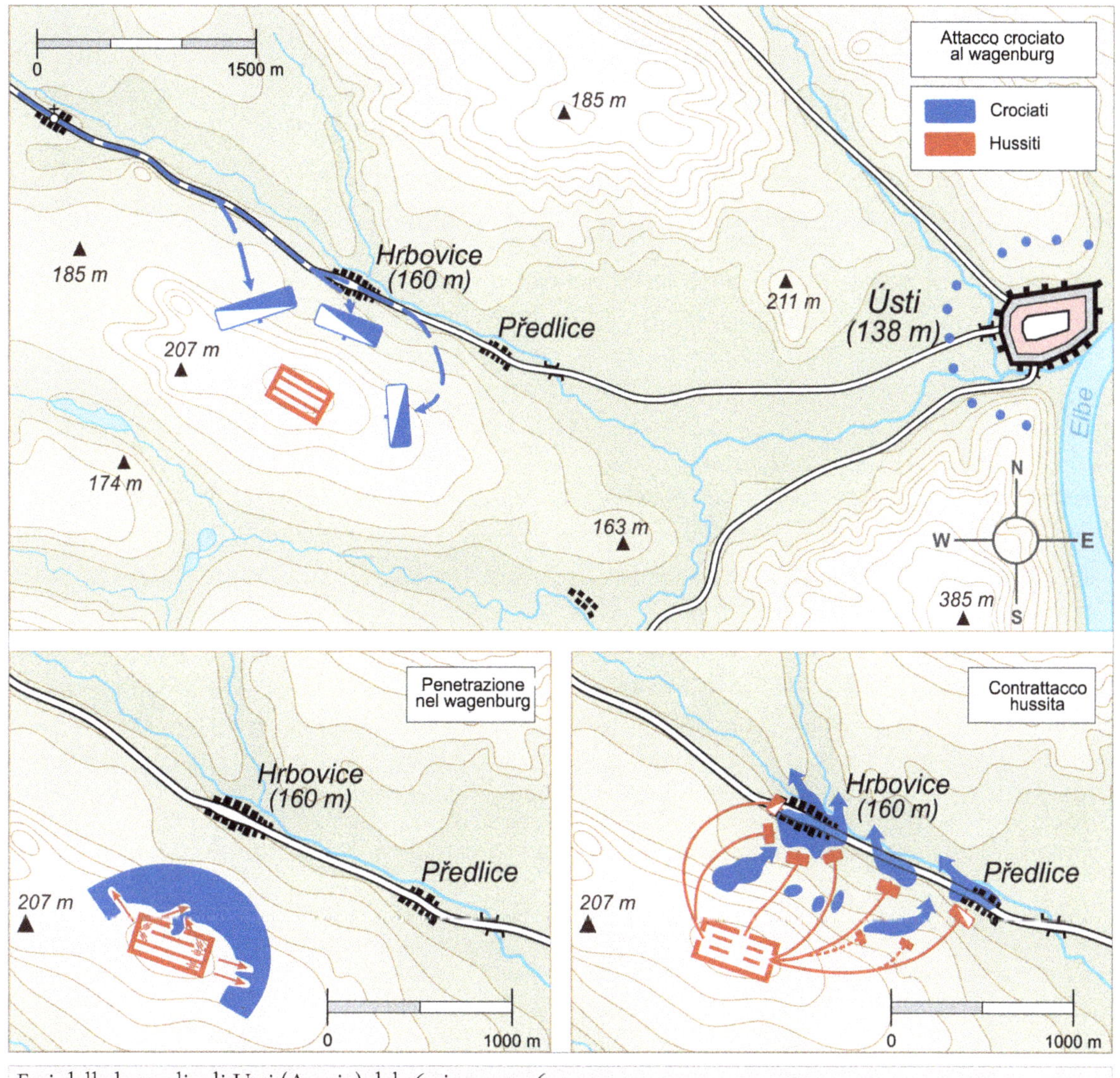

Fasi della battaglia di Usti (Aussig) del 16 giugno 1426

te colpita. Quando la città cadde, l'esercito guidato da Meissen si unì all'esercito sassone[108].
Il 14 giugno, l'esercito si mosse accompagnato per un po' dalla principessa elettorale sassone.
I sassoni marciarono in tre colonne, sopra i passi del monte Erz per Krupka. Nel frattempo,
l'esercito principale hussita, sotto Il principe Korybut e Procopio il Calvo, aveva circondato
Ústi e Most. Un terzo distaccamento hussita controllava i passi in montagna. Il comandante
sassone Bosse Vitzthum, aveva pianificato di sconfiggere queste tre forze a turno. Tuttavia, i
cavalieri di Meissen che erano arrivati a Meissen Krupka posticiparono un attacco immediato. Volevano anche aspettare che l'esercito sassone si unisse ai Lusaziaers, ma questo ritardo
permise agli hussiti di raccogliere le loro forze[109]. I sassoni erano fiduciosi. Un araldo boemo,
che avrebbe dovuto negoziare il trattamento dei prigionieri, fu rimandato indietro con la di-

108   Querengässer, Triumph for the heretics, pp. 4-443; Palacký, Der Hussitenkrieg 1419-1431, pp. 409-413; Krocker,
Sachsen und die Hussitenkriege, pp. 10-16; Ermisch, Schlacht bei Außig, pp. 7-18; Korschelt, Kriegsdrangsale der OberLusazia,
pp. 176-177; Krzenck, Hussitenkriege, pp. 60-61.
109   Querengässer, Triumph for the heretics, pp. 44-45; Palacký, Der Hussitenkrieg 1419-1431, pp. 413-414; Krocker,
Sachsen und die Hussitenkriege, pp. 16-18; Bezold, Sigismondo und die Reichskriege II, p. 82.

chiarazione "*Li uccideremo tutti senza fare distinzioni[110]*". Gli hussiti formarono il loro wagenburg con un anello interno e uno esterno, su una collina tra i due villaggi di Předlice e Hrbovice, ad ovest di Ústi. Sembra che poco prima della battaglia, Procopio il Calvo fosse stato eletto come comandante più anziano dei vari eserciti da campo. Il 16 giugno si svolse la battaglia decisiva. Era un caldo giorno d'estate e i sassoni, che avevano appena marciato da Krupka ed erano già esausti, attaccarono immediatamente il wagenburg. Il fuoco difensivo dai cannoni, dalle colubrine e dalle balestre degli hussiti produssero grandi vuoti nei ranghi dei cavalieri sassoni[111]. I cavalieri che tornarono in sella soffrivano per il caldo, come riferisce un cronista: "*E le persone che non erano state mandate [impegnate nei combattimenti] fuggirono. In quella stessa fuga, la gente soffocava nella propria armatura per la grande polvere e il caldo, e soprattutto i cavalieri buoni e onesti che fuggivano infelicemente e che avevano fatto volentieri abbastanza per il loro onore, furono per la maggior parte uccisi, mentre la maggioranza della gente fuggì di nuovo in quel giorno di San Vitis[112]*". Tuttavia, l'esercito crociato riuscì a penetrare nel primo anello di carri. Ma l'ordine dei sassoni era stato così sconvolto che il contrattacco degli hussiti fece spegnere la loro spinta. Soldati con ramponi tirarono giù i cavalieri, che erano incastrati tra i carri, dalle loro cavalcature e li uccisero. Si diceva che i Meissen fossero stati i primi a fuggire dal campo di battaglia, e i Turingia l'ultimo. L'esercito sconfitto si precipitò nelle foreste sicure dei monti Erz, con gli hussiti all'inseguimento. Il fiore del cavalierato di Meissen-Turingia fu massacrato durante lo scontro, tra cui l'ultimo burgravio di Meissen, Heinrich von Hartenstein, e alcuni dei suoi compagni, da otto a quattordici conti, dieci baroni e oltre cento nobili, e tra questi, 21 solo della famiglia von Köckeritz. Le cifre delle perdite totali variano quindi molto, come i numeri della forza dell'esercito - tra 4.000 e 50.000 uomini. Accettando per buona una forza dell'esercito sassone di 15.000 cavalieri e uomini d'armi, le indicazioni di 4.000 perdite sembrano essere realistiche[113]. Il giorno seguente l'esercito hussita prese d'assalto Ústi e devastò la città in modo così completo che la stessa rimase deserta per i tre anni successivi. La guarnigione sassone e gran parte della popolazione erano riusciti a salvarsi il giorno prima della battaglia. Alcuni dei fuggiaschi pensavano di essere al sicuro nel vicino castello di Střekov, ma gli hussiti lo assalirono poco dopo[114].

In Sassonia, l'elettrice Katharina preparò una difesa delle fortezze e delle città di Königstein, Pirna, Freiberg e Dresda, ma gli hussiti non osavano ancora attraversare i monti Erz.

Quando l'elettore Federico tornò da Norimberga, non pensò di difendere bensì di attaccare di nuovo. Comunque, la città di Most stava ancora resistendo all'assedio hussita.

L'Elettore Federico in realtà si trasferì con un nuovo esercito in Boemia solo otto settimane dopo la catastrofe di Ústi, che gli costò 1.500 uomini e una grossa bombarda sul campo di battaglia[115].

---

110   Ermisch, Schlacht bei Außig, p. 35.

111   Querengässer, Triumph for the heretics, pp. 44-45; Palacký, Der Hussitenkrieg 1419-1431, p. 415; Krocker, Sachsen und die Hussitenkriege, pp. 18-19.

112   Ermisch, Schlacht bei Außig, p. 41.

113   Querengässer, Triumph for the heretics, pp. 45-46; Palacký, Der Hussitenkrieg 1419-1431, pp. 415-416; Krocker, Sachsen und die Hussitenkriege, pp. 19-20; Ermisch, Schlacht bei Außig, pp. 20-31

114   Querengässer, Triumph for the heretics, p. 46; Palacký, Der Hussitenkrieg 1419-1431, pp. 416-417; Krocker, Sachsen und die Hussitenkriege, p. 23.

115   Palacký, Der Hussitenkrieg 1419-1431, pp. 417-419; Krocker, Sachsen und die Hussitenkriege, pp. 23-24; Bezold, Sigismondo und die Reichskriege, p. 85.

La battaglia di Ústi (Aussig). La tavola mostra il momento topico dello scontro. I cavalieri sassoni attaccano il *wagenburg* e gli hussiti stanno preparando il loro contrattacco. Alcuni piccoli gruppi di soldati disarcionano i cavalieri con i loro lunghi ramponi. Sulla sinistra notare il vessillo, i palvesi e le tipiche armi hussite.

La quarta crociata hussita

Gli Hussiti tornarono di nuovo attivi nella Boemia meridionale nel 1426. Assaltarono molte città e castelli e marciarono in Austria ancora una volta. Ma in questa occasione il duca Albrecht riuscì a radunare rapidamente il suo esercito a Korneuburg, cosicché gli eretici dovettero ritirarsi[116]. Il duca Albrecht iniziò con l'assedio di Břeclav, un'importante fortezza hussita nella Boemia meridionale. Ma nonostante varie fonti affermino che avesse condotto sul campo quasi 40.000 uomini, gli hussiti inizialmente resistettero ai suoi tentativi di attacco. In ottobre il duca fece pressioni per una decisione, anche perché l'esercito dei taboriti sotto Procopio si stava avvicinando alla fortezza assediata da nord. Alla fine di ottobre, i taboriti di Eibenschitz si stavano preparando per il loro attacco. Il duca Albrecht inviò quattro lettere alla città di Vienna, in cui richiese con urgenza, e con rabbia i necessari rinforzi. Ma poiché l'aiuto non sarebbe stato imminente, il duca dovette interrompere l'assedio all'inizio di novembre e ritirarsi di fronte all'esercito di Procopio[117].

Gli hussiti entrarono quindi di nuovo in Austria e si spinsero fino al Danubio. Lì, saccheggiarono molti villaggi e portarono le provviste rubate a Břeclav. Nello stesso tempo, circa 4.000 hussiti arrivati dalla Boemia meridionale invasero l'Austria occidentale. A Capodanno del 1426 apparvero davanti alla città di Zwettel, ma essa si difese da tutti i tentativi di attacco.

Gli hussiti infuriati diedero fuoco al monastero domenicano situato fuori città e il 3 gennaio 1427 si spostarono più a nord di nuovo[118]. Ma i taboriti erano così furiosi dall'ostinata resistenza dei cittadini che il 12 marzo 1427 si trovarono di nuovo davanti alle sue porte, questa volta con 16.000 uomini. Sebbene la città non avesse mura difensive moderne, gli hussiti non riuscirono a prenderla al primo assalto. Per rifornire il loro esercito, devastarono la campagna circostante e risalirono anche la valle di Krems. Il duca Albrecht radunò un esercito di soccorso a Krems e il 25 marzo attaccò le posizioni degli hussiti. Il primo attacco degli austriaci fu coronato dal successo e gli hussiti furono respinti. Durante il successivo inseguimento, anche il wagenburg fu preso d'assalto. Tuttavia, invece di completare la vittoria, le forze austriache si dispersero. Saccheggiarono l'accampamento hussita e i mercenari del duca persero la loro coesione. I taboriti sfruttarono l'occasione, radunarono un gruppo di cavalieri ed eseguirono un contrattacco a suon di urla. Cacciarono di nuovo gli austriaci dal wagenburg. Gli hussiti uccisero molti dei nemici durante l'inseguimento successivo. Solo una piccola parte dell'esercito di soccorso raggiunse la sicurezza delle mura di Zwettel. Ma anche le perdite dei taboriti furono pesanti, e la guarnigione della città fu rafforzata dagli austriaci sfuggiti dalla battaglia. Così l'assedio fu annullato. I boemi si spostarono ad est fino a quando raggiunsero il monastero di Altenburg, per poi proseguire verso nord[119].

Dopo i successi militari degli hussiti, probabilmente rafforzati dalla loro temporanea unità politica, nel 1427 Sigismondo Korybut cercò di riprendere le trattative con il re Sigismondo per mediare un accordo tra hussiti e cattolici. Ora come allora, Korybut si sforzava di ottenere una corona per sé. Per questo, avviò anche trattative segrete con il Papa, al quale promise di riportare il Paese all'ovile della Chiesa. Il Papa, in qualità di massimo giudice, avrebbe dovuto decidere su tutte le questioni teologiche irrisolte. In risposta, Papa Martino V avrebbe dovuto ritirare il suo sostegno agli sforzi di Sigismondo per riavere la corona di Venceslao e sostenere invece la candidatura del lituano. Tuttavia, non solo i tabori-

---

116 Stöller, Österreich im Kriege gegen die Hussiten, pp. 39-40.
117 Palacký, Der Hussitenkrieg 1419-1431, S.419-420; Stöller, Österreich im Kriege gegen die Hussiten, pp. 42-43.
118 Stöller, Österreich im Kriege gegen die Hussiten, pp. 43-45.
119 Ibid., pp. 45-47.

La tavola illustra un tipico fante hussita fra il 1420 e il 1430. Egli indossa il cappellaccio di ferro, il giustacorpo imbottito, come armamento dispone di un flagello, una lunga spada oltre al grande scudo palvese con dipinto il calice, simbolo della rivolta hussita.

ti videro queste azioni come un tradimento. Il 17 aprile 1427, i praghesi sotto la guida di Jan Rokycana, il nuovo pastore dell'università, arrestarono l'amministratore nazionale e lo portarono prigioniero al castello di Valdshtejn, nella Boemia orientale[120].

L'isolamento politico di Korybut fece sì che le voci dei nobili e dei praghesi perdessero temporaneamente la loro forza e che gli elementi radicali, cioè i taboriti e i Waisen sotto la guida di Procopio, acquisissero il potere. Dopo la battaglia di Ústi, Procopio aveva già chiesto che il movimento fosse portato all'estero. Egli riuscì a sviluppare un buon rapporto con gli utraquisti per un periodo più lungo, forse grazie ai suoi legami di amicizia con Giovanni di Rokycany che assunse sempre più la posizione di leader teologico all'Università Carlo di Praga.

Del resto, Rokycany apparteneva alla parte moderata di questa fazione e vide molti più punti comuni tra utraquisti e cattolici, che con i taboriti. Anche in questo caso si trattava solo della questione interna al movimento hussita della comunione del calice, che consolidò l'unione tra Procopio e Rokycany[121]. La crociata decisa nel 1426 a Norimberga nacque solo l'anno successivo. Le trattative furono difficili, anche perché il re Sigismondo non vi prese parte.

Nel giugno del 1427, l'esercito dell'Impero si riunì al confine occidentale della Boemia con Federico I di Brandeburgo che riprese il comando supremo. Federico il Guerriero (di Meissen) rimase nel suo letto di malattia e, a quanto pare, morì sei mesi dopo. Invece, suo figlio, Federico II, detto "il Gentile", partecipò a questa campagna[122]. Mentre molti cronisti stimano che l'esercito tedesco fosse composto da 160.00 a 200.000 uomini - il che sembra nuovamente improbabile solo a causa delle faide che infuriano nell'Impero tra il conte di Hessen e gli elettori di Magonza e Colonia - i rapporti autentici indicano un numero di cavalieri tra i 4.000 e i 5.000 e di molti fanti[123]. Il piano originariamente sviluppato a Norimberga prevedeva l'invasione della Boemia da parte di quattro eserciti separati. Federico di Brandeburgo comandò la spinta principale del contingente tedesco che si riunì a Norimberga. Federico di Sassonia doveva spostarsi con un esercito di Freiberg sui monti Erz, mentre i principi di Slesia e le Sei città si spostavano sui monti Riesen. Le truppe di Albrecht d'Austria e del Vescovo di Salisburgo dovevano assicurare il soccorso da sud[124]. Tuttavia, poiché ci volle un po' di tempo prima che questo esercito si riunisse e marciasse verso il confine boemo, i taburiti e gli orfani sfruttarono l'occasione per condurre la loro campagna. A metà maggio marciarono sui monti Zittau verso la Lusazia[125]. A luglio, l'esercito crociato si trasferì a Tachov, dove il 12 luglio fu accolto con giubilo. Federico di Brandeburgo non volle ripetere gli errori dell'anno precedente e invece di impantanarsi nell'assedio di città strategicamente insignificanti, pianificò un attacco diretto contro Praga. Per questo motivo si rivolse all'esercito sassone per ottenere la collaborazione di Federico II. L'Elettore di Treviri prese il comando dell'esercito principale, si diresse verso Stříbro e assediò la piccola città mineraria. Le forze sassoni si fermarono davanti alla città più tardi. Tuttavia Federico di Sassonia si ammalò gravemente e dovette cercare cure mediche a Tachov. I tedeschi avevano appena circondato Stříbro quando il primo agosto arrivò si avvicinò l'esercito di soccorso hussita guidato da Procopio il Grande[126]. Il giorno seguente, Federico di Brandeburgo inviò Heinrich von Plauen con 300 cavalieri per fermare l'avanzata degli hussiti, guadagnando così tempo per la formazione del suo esercito. Heinrich fu abbastanza

120   Palacký, Der Hussitenkrieg 1419-1431, pp. 424-428.

121   Palacký, Der Hussitenkrieg 1419-1431, pp. 429-433.

122   Palacký, Der Hussitenkrieg 1419-1431, pp. 437-443; Krocker, Sachsen und die Hussitenkriege, p. 25; Stöller, Österreich im Kriege gegen die Hussiten, pp. 41-42; Durdík, Hussitisches Heerwesen, pp. 228-229.

123   Quoted from Krocker, Sachsen und die Hussitenkriege, p. 25.

124   Palacký, Urkundliche Beiträge I, Nr. 439, pp. 500-502; Bleicher, Das Herzogtum Niederbayern, pp. 140-141.

125   Palacký, Der Hussitenkrieg 1419-1431, pp. 434-436; Durdík, Hussitisches Heerwesen, pp. 231-233.

126   Palacký, Der Hussitenkrieg 1419-1431, pp. 445-447; Krocker, Sachsen und die Hussitenkriege, pp. 26-27; Durdík, Hussitisches Heerwesen, pp. 230-233; Bleicher, Das Herzogtum Niederbayern, p. 143.

Descrizione della battaglia di Usti (Aussig) qui chiamata anche Bruck. Dal "*Geschichte Kaiser Sigismondo*".

coraggioso da attaccare l'avanguardia dell'esercito avversario. I suoi cavalieri tornarono verso mezzanotte dopo lunghe e prolungate schermaglie[127]. La mattina del 3 agosto, non appena comparvero gli hussiti, l'esercito tedesco fuggì a Tachov. Federico di Brandeburgo riferì con molta riluttanza a Sigismondo di questa sconfitta: "*Così noi signori, incluso il cardinale nominato nel consiglio, decidemmo di ritirarci su una montagna del Tachau e di muoverci ulteriormente contro il nemico. Così arrivammo sul monte e osservammo la nostra gente che era venuta la notte prima a cavallo e a piedi e anche in carri, con i quali avrebbero dovuto formare un wagenburg secondo gli ordini di guerra, che erano stati emessi, ma così tanto dell'esercito era sparito ed era diventato così piccolo che il Cardinale e gli altri principi e signori, secondo l'occasione furono consigliati dalla maggior parte dei capitani di non muoversi contro il nemico e di combatterli al wagenburg[128]*".

Procopio lasciò riposare le proprie truppe, mentre a Tachov Federico voleva convincere i suoi cavalieri a schierarsi in battaglia su una collina. Il giorno dopo, quando radunò il suo esercito su questa collina, molti cavalieri e uomini d'armi erano già fuggiti durante la notte, tanto che i principi rimasti decisero di non accettare la battaglia. In un impeto di rabbia, il legato papale avrebbe strappato con rabbia la bandiera imperiale e l'avrebbe gettata a terra[129].

L'esercito crociato si riversò al confine senza aver intrapreso nessuna azione di riguardo.

Solo pochi cavalieri fuggirono nella città di Tachov, che dopo un intenso bombardamento di artiglieria da parte degli hussiti, fu presa d'assalto l'11 agosto. Anche il castello cadde tre giorni dopo. Poco più tardi si concluse un altro cessate il fuoco tra gli hussiti e i cittadini di Pilsen ancora fedeli al re[130]. Così, a causa della disunione e della debolezza numerica dell'esercito tedesco, anche la quarta crociata hussita fallì senza grandi battaglie. Nel febbraio del 1428, Procopio raccolse i taboriti e gli orfani e li condusse attraverso la valle Morava a sud-est. Questa volta l'obiettivo degli hussiti era Bratislava, da dove volevano spingersi più lontano in Ungheria. Ma Bratislava resistette al primo assalto dei boemi, tanto che Procopio passo oltre guidando il suo esercito fino a Uherský Brod in Moravia alla fine di febbraio. Egli si diresse in Slesia mentre una piccola parte dell'esercito invase l'Alta Ungheria. Questo gruppo inizialmente si spinse in profondità nel regno, ma presto la marea cambiò. Re Sigismondo riunì un'armata su scala nazionale e con l'aiuto dei bratislavani fu in grado di tagliare la strada agli hussiti. Inoltre, il duca Albrecht d'Austria guidò un esercito a Znojmo. Gli eretici furono mi-

127 Šmahel, Hussitische Revolution II, p. 1424.
128 Palacký, Urkundliche Beiträge I, Nr. 472, Nr. 541-542.
129 Palacký, Der Hussitenkrieg 1419-1431, p. 447; Krocker, Sachsen und die Hussitenkriege, pp. 27-28; Durdík, Hussitisches Heerwesen, pp. 233-235; Bleicher, Das Herzogtum Niederbayern, p. 144.
130 Palacký, Der Hussitenkrieg 1419-1431, pp. 447-450; Krocker, Sachsen und die Hussitenkriege, pp. 27-28; Durdík, Hussitisches Heerwesen, p. 235.

nacciati di accerchiamento. Ma gli hussiti trovarono una breccia e sfuggirono ai loro inseguitori verso la Boemia da dove effettuarono poi un nuova invasione della Bassa Austria a maggio[131]. All'inizio di giugno i taboriti e gli orfani avevano radunato circa 10.000 uomini intorno
a Břeclav e da lì erano avanzati verso il bacino di Marchfeld sul Danubio in Bassa Austria.
Tuttavia, non rischiarono di attraversare il fiume, ma dopo aver devastato i villaggi e le città
sulla riva nord, tornarono in Boemia[132]. In luglio gli hussiti concentrarono la loro attenzione
sull'assedio del piccolo castello di Bechyně, non lontano da Tábor. La coraggiosa resistenza del
capitano del castello, Jindřich Lefl z Lažan, liberò l'assedio. Poiché i taboriti non potevano più
rifornirsi nelle vicinanze della città, che era stata messa a nudo, furono costretti a compiere
lunghe incursioni fino all'Alta Austria. Solo a metà ottobre Lažan cedette il castello in cambio di un ritiro con salvacondotto[133]. La situazione che Procopio gestì alla periferia del paese
con gli orfani e i taboriti, e il fatto che la guerra sembrava non avere fine, portò a un rafforzamento del partito di Sigismondo Korybut. Dopo che i sostenitori di Korybut scoprirono
dove si trovava, occuparono Praga e il 9 settembre ne forzarono il rilascio. Ma Korybut lasciò
la Boemia e tornò in Polonia da dove osservò attentamente gli eventi nel paese[134]. L'anno 1428
fu presumibilmente il più tranquillo di tutta la guerra. Re Sigismondo e papa Martino non
riuscirono a organizzare un'altra crociata. In Boemia i vari partiti hussiti cercarono di trovare
un compromesso teologico, ma anche questa fu un'impresa senza speranza[135].
Nel marzo 1429, nonostante la sua aggressiva posizione politico-religiosa, Procopio accettò
l'offerta di re Sigismondo di venire a Bratislava e di giungere finalmente a un accordo ami-
chevole. Il re aveva invitato anche alcuni principi della Slesia, della Boemia e della Baviera,
oltre al duca d'Austria. Procopio e il suo seguito arrivarono in città il 4 aprile. Sigismondo fu
molto cordiale, ma chiese agli hussiti di tornare alla fede cattolica. In caso di rinuncia, potevano presentare le loro idee a un Consiglio ecclesiale che era stato convocato per il 1431 a
Basilea. Fino ad allora, il cessate il fuoco doveva essere mantenuto. Ma gli hussiti non vollero
essere soggetti al Concilio della Chiesa. Infine Procopio annunciò che la sua delegazione non
era autorizzata a fare un tale accordo con il Re. Per farlo, si sarebbe dovuta convocare un'assemblea nazionale a Praga. Il 9 aprile Procopio lasciò di nuovo Bratislava. Alla fine di maggio
ebbe luogo l'assemblea nazionale. Essa decise infine di inviare ambasciatori al Consiglio e di
mantenere un cessate il fuoco con l'Ungheria, l'Austria e la Slesia, ma non con la Sassonia o la
Baviera[136]. Nella primavera del 1429, gli eserciti hussiti sul campo erano ampiamente diffusi in
tutta la Boemia meridionale e in Moravia, sferrando una serie di attacchi contro l'Austria. In
aprile avanzarono verso Eggenburg, assediarono la città e saccheggiarono i villaggi circostanti.
Tuttavia, un esercito di soccorso rapidamente levato fu in grado di costringere gli hussiti a ritirarsi. Nel frattempo i taboriti invasero il paese e, poiché gran parte dell'esercito nazionale era
bloccato a Eggenburg, riuscirono ad avanzare fino a Krems. Ma la città, protetta dal Danubio
e da buone mura, riuscì a resistere abbastanza a lungo finché l'esercito di soccorso si affrettò a
raggiungerla e sconfisse gli hussiti in una serie di ingaggi. Nel mese di luglio, essi sferrarono un
altro attacco lungo la strada di Linz verso l'Alta Austria. In tutti questi attacchi gli hussiti si
ritirarono non appena incontrarono una seria resistenza. Si può quindi presumere che queste
incursioni siano state pensate come manovre di deviazione per la campagna prevista per il
1429, al fine di tenere le forze austriache lontane dalla Boemia[137].

131   Stöller, Österreich im Kriege gegen die Hussiten, pp. 50-51; Šmahel, Hussitische Revolution II pp. 1434-1436.
132   Stöller, Österreich im Kriege gegen die Hussiten, p. 51; Šmahel, Hussitische Revolution II, pp. 1439-1440.
133   Stöller, Österreich im Kriege gegen die Hussiten, pp. 52-53.
134   Palacký, Der Hussitenkrieg 1419-1431, pp. 453-454.
135   Ibid., pp. 457-460.
136   Ibid., pp. 475-482.
137   Stöller, Österreich im Kriege gegen die Hussiten, pp. 55-58.

LE "BELLE CAVALCATE"

Irruzione in Slesia

ella primavera del 1421, i signori e le città della Slesia misero insieme un esercito di presunti 20.000 uomini con i quali invasero il nord-est della Boemia. Tra Police nad Metují, Trutnov e Náchod devastarono i villaggi e infine assaltarono la cittadina di Ostach, che gli slesiani distrussero a tal punto che non fu mai più ricostruita.

Il consiglio nazionale di Čáslav decise quindi di inviare un proprio esercito contro gli slesiani. Questi ultimi si ritirarono perché non avevano alcuna speranza in un così breve periodo di tempo che il re Sigismondo, occupato a riunire un'armata per la Seconda Crociata, non avrebbe potuto venire in loro aiuto. Solo le dispute tra i comandanti dell'esercito hussita a Náchod impedirono un'operazione di rappresaglia anche in territorio slesiano quell'anno[138]. Nonostante ciò, a settembre, gli slesiani tentarono una seconda avanzata in Boemia per liberare l'esercito crociato bloccato davanti alla città di Žatec. Il 19 settembre riuscirono a sconfiggere parte dell'esercito hussita appena fuori Náchod[139]. Nell'estate del 1425, il vescovo di Breslau radunò un esercito e invase la Boemia orientale. Gli slesiani sfruttarono i disaccordi all'interno del movimento hussita e si spostarono, bruciando i territori, fino a Trutnov e Náchod[140]. Nella primavera del 1427, gli stessi boemi passarono all'offensiva. Sotto il loro nuovo capo, Procopio, i taboriti e gli orfani attraversarono il confine. A metà maggio marciarono attraverso i monti Zittau verso la Lusazia. Risparmiarono lo Zittau perché era ben fortificato e presidiato, e invece marciarono verso Görlitz dove attraversarono il fiume Oder e invasero la Slesia. Lì saccheggiarono le città di Lubań, Lwówek Śląski, Złotoryja, Jawor e Bolków. Quando il loro esercito si trovò davanti a Lwówek Śląski, il capitano von Schweidnitz cercò di guidare un'armata della Slesia come forza di soccorso. Ma i boemi intercettarono l'esercito in marcia, lo sconfissero in aperta battaglia e annegarono molti mercenari nel fiume Bober. All'inizio di giugno, tornarono in Boemia. L'incursione aveva così spaventato le Sei Città della Lusazia e i nobili della Slesia che essi condussero un solo limitato assalto contro Náchod quell'anno[141]. Durante la Quarta Crociata, gli slesiani sferrarono un altro attacco di soccorso avanzando sopra le montagne a Náchod. Il 9 agosto, poco lontano dalla città, si scontrarono con un esercito di orfani sotto il comando di Jan Čapek von Sán. Gli slesiani a loro volta effettuarono solo un attacco a metà strada sugli hussiti e poi finsero di ritirarsi. Quando gli orfani iniziarono impetuosamente un inseguimento, finirono sconfitti in un'imboscata. Tuttavia, poiché gli slesiani seppero poco dopo della battaglia di Tachov, si ritirarono di nuovo[142].

Nel 1428, Procopio invase di nuovo la Slesia. Il 13 marzo le sue forze assaltarono Ober-Glogau (ora Głogówek in Polonia). Nel frattempo, il Vescovo di Breslavia riunì una lega di nobili e delle città intorno a Neisse, dove cinque giorni dopo ebbe luogo una battaglia. Lì gli hussiti ottennero un completo successo, uccisero 2.000 nemici o li annegarono nel fiume Neisse orientale. Poi si spinsero nella periferia della città e li misero al rogo tutti quelli che catturarono. Questa vittoria provocò un tale panico tra la popolazione, che molte persone fuggirono dalle loro città e dai loro villaggi quando gli hussiti si avvicinarono e i boemi trovarono questi villaggi abbandonati. Breslau, che l'avanzata degli eserciti da campo raggiunse il 30 marzo, fu

---

138 Machilek, Schlesien, pp. 126-129; Palacký, Der Hussitenkrieg 1419-1431, pp. 245-246.
139 Machilek, Schlesien, pp. 128-129; Palacký, Der Hussitenkrieg 1419-1431, p. 254.
140 Machilek, Schlesien , pp. 129-130; Palacký, Der Hussitenkrieg 1419-1431, p. 392.
141 Machilek, Schlesien, p. 130
142 Machilek, Schlesien, p. 130; Palacký, Der Hussitenkrieg 1419-1431, p. 451.

l'unico posto in cui gli hussiti non si avventurarono. Bruciarono invece Reichenbach. Il vescovo di Breslau non rimase nel frattempo inattivo e in aprile radunò un nuovo esercito, ma anche gli hussiti ricevettero rinforzi dalla Boemia che aumentarono il loro esercito a 24.000 uomini. Procopio venne presto a sapere che il nuovo esercito slesiano si stava radunando a Liegnitz. Quando questo unì le sue forze accettando la battaglia, i tedeschi si sparpagliarono. Gli hussiti marciarono ancora una volta su Breslavia. Si dice che in quei giorni 100.000 slesiani fossero fuggiti verso la città. Molte delle città che l'esercito di Procopio oltrepassò in marcia cercarono di ripagare gli hussiti con un tributo *una tantum* in modo che non li bruciassero.

A metà maggio, i carri di trasporto boemi erano così pieni di bottino che Procopio guidò le sue forze oltre il confine senza aver nemmeno tentato di attaccare Breslau[143]. Nel settembre dello stesso anno, gli orfani tornarono per allestire un accampamento vicino a Glatz dove si aspettava l'attacco di un'armata della Slesia. Questo si verificò il 27 dicembre da parte del duca Johann von Münsterberg. Ma gli incendi difensivi degli hussiti barricati alle spalle con i loro carri indebolirono l'attacco. Quando il cannone boemo aprì il fuoco, i cavalieri della Slesia andarono nel panico e fuggirono. Il duca con il suo cavallo e nella sua pesante armatura rimase bloccato in una palude e fu ucciso, così come 350 dei suoi uomini. Gli hussiti continuarono l'inseguimento durante la notte bruciando diversi villaggi. Devastarono la terra per dieci settimane prima di tornare in Boemia carichi di bottino[144]. Nel 1430 gli eserciti hussiti effettuarono un'altra operazione in Slesia rompendo il cessate il fuoco che avevano stabilito con il re Sigismondo. Era guidata da uno dei sostenitori di Sigismondo Korybut. Gli hussiti catturarono Brzeg e Niemcza, che si diceva avessero occupato negli anni successivi e da dove diffusero il movimento in Slesia[145]. Nell'estate del 1430, Niemcza era ancora assediata da un'armata della Lusazia e sottoposta a bombardamenti con cannoni pesanti che causarono gravi danni alle mura della città, ma la guarnigione hussita riuscì a resistere. Alla fine due eserciti, di cui uno guidato da Procopio il Grande, si trasferirono dalla Boemia per dare sollievo alla città[146]. Nel 1433, dopo che gli hussiti avevano ritirato grandi porzioni delle loro guarnigioni slesiane per un'operazione in Galizia, il 28 aprile il duca di Troppau riuscì a riprendere il villaggio di Odrau. Tuttavia, fu rapidamente cacciato da Boček Puklice z Pozořic.

Boček iniziò una campagna nel profondo del territorio della Slesia per liberare Landsberg, che fu assediata da diverse truppe. Ma prima di raggiungere la città, la guarnigione aveva rinforzato le difese. Boček stesso venne sconfitto lungo la strada e si ritirò a Odrau, che difese fino all'autunno del 1434. La guarnigione di Niemcza dovette anche resistere a vari attacchi, ma seppe resistere fino al 1434[147].

Irruzione in Lusazia

Insieme all'Austria, la regione della Lusazia apparteneva fin dall'inizio agli obiettivi preferiti dagli hussiti. Le cosiddette Sei città e i Margravi di Lusazia facevano parte del regno di Boemia e si dimostrarono immuni alla predicazione hussita. Così l'ammonizione del re Sigismondo alla città di Bautzen il 15 marzo di *"come i sicari hussiti, hanno commesso incredulità, sciocchezze, misfatti e opere indicibili per molto tempo e fanno ogni giorno, con la distruzione di chiese e molti altri atti inumani contrari al credo cristiano, la Santa Romana Chiesa"*, non fu necessaria per

---

143   Machilek, Schlesien, pp. 131-133; Palacký, Der Hussitenkrieg 1419-1431, pp. 462-464.
144   Machilek, Schlesien, p. 133; Palacký, Der Hussitenkrieg 1419-1431, pp. 470-472.
145   Machilek, Schlesien, p. 130; Palacký, Der Hussitenkrieg 1419-1431, pp. 505-506.
146   Machilek, Schlesien, pp. 133-134; Palacký, Der Hussitenkrieg 1419-1431, pp. 509-510.
147   Šmahel, Hussitische Revolution II, pp. 1577-1578.

Le belle cavalcate hussite. durante la seconda parte della guerra gli hussiti lanciarono una serie di offensive contro i più importanti paesi di confine. Gli hussiti chiamarono questi raid *Spanilé jízdy* (letteralemnte le belle cavalcate o rides in inglese).

avere i Lusaziani dalla sua parte[148]. Nel settembre del 1420, un piccolo esercito stava già avanzando fino a Zittau. In giugno, la città informò il Comune di Görlitz che stava per verificarsi una grande invasione da parte degli hussiti ma dato che la città era ben fortificata, e gli eretici apparentemente non avevano il materiale d'assedio necessario, si spostarono a Oybin. Ma non riuscirono a prendere né il castello in cima alla montagna né il monastero.

Dopo aver poi bruciato la fattoria associata e alcuni villaggi vicini, gli hussiti si diressero verso la Boemia[149]. Questa prima operazione aveva infatti messo i Lusaziani in allarme. Bautzen, Görlitz e Zittau rinforzarono la loro città, con nuove mura e cannoni moderni. Nel 1421, la Lega Lusazia concluse un trattato di difesa reciproca della durata di cinque anni con Federico il Guerriero. Inizialmente le crociate vincolarono una notevole quantità di hussiti in Boemia. Per esempio, nel 1422, solo un piccolo raid scorazzava lungo le montagne dello Zittau. Ma i boemi non rischiarono di entrare nella Lusazia perché erano troppo deboli per attaccare Zittau e avrebbero potuto facilmente essere tagliati fuori lungo il loro percorso di rientro. All'inizio dell'anno, le unità hussite più piccole operavano nei pressi di Zittau e di Neuhaus occupata, dove il Re Sigismondo chiese alla Lega Lusazia, di aiutarsi a vicenda. *"Pertanto con questa lettera noi [il Re] chiediamo a voi tutti e ognuno di voi, con fermezza e serietà, aiutate gli Zittauers, per ricostruire quella stessa Neuhaus e occuparla"[150]".*

Nell'aprile del 1423, una banda di soli 400 uomini attaccò l'ovest del Lusazia e bruciò alcuni villaggi. La Lega Lusazia e alcuni nobili della regione optarono per un contrattacco contro Rumburk in Boemia, ma i lusazi vennero duramente battuti. Gli hussiti mutilarono o bruciarono molti dei loro alleati. Tuttavia, il resto del 1423 rimase tranquillo[151]. L'anno successivo, un esercito hussita di 8.000 soldati e 700 uomini a cavallo sotto Pezko di Poděbrad si avvicinò al confine. Gli Zittauers, che speravano nel sostegno dei loro partner della Lega Lusazia, occuparono il castello di Karlsfried per proteggere meglio il confine. Il 25 gennaio gli Zittauers marciarono coraggiosamente contro il nemico, ma furono decisamente sconfitti. Gli hussiti rimandarono indietro 15 dei 16 prigionieri con i pollici e i nasi tagliati per spaventare la città. Karlsfried fu preso d'assalto rapidamente e poi distrutto. Poděbrad installò il suo alloggio ad Hartau e si concentrò sui castellani von Dohna a Grafenstein e Zittau. Gli hussiti furono in grado di distruggere molti villaggi, ma la città ben fortificata così come il castello, che era sulle alture, resistettero ai loro assalti. In seguito, Poděbrad si è ritirato. L'aiuto della Lega Lusazia giunse troppo tardi, ma intraprese comunque una rappresaglia di operazioni in Boemia a febbraio[152]. Infine il movimento hussita si è diffuso anche in Lusazia. Nel 1425, gli influenti signori di Wartenburg si unirono ai boemi. Essi possedevano il Tollenstein, I castelli di Tetschen, Kamnitz e Demnin che da allora servirono come basi di dispiegamento per le incursioni nelle città di Lusazia. A Pasqua del 1425, Johann von Wartenberg andò da Tollenstein con la sua banda attraverso la Lusazia fino a Marienthal. Wartenberg rubò una grande mandria di bestiame che sperava di vendere con profitto in Boemia. Sulla strada per Rumburk si è imbattuto in una battaglia nel villaggio di Spitzcunnersdorf con una truppa Zittau, duramente sconfitta dalle forze di Wartenberg. Il loro comandante, Nicol di Ponikau, fu portato a Tollenstein e fatto prigioniero[153]. Nell'estate del 1425, un esercito taborita avanzò oltre il confine. Il motivo poteva essere stato l'anti-alleanza hussita che il re Sigismondo aveva concluso il 25 luglio con il Duca d'Austria, l'Elettore di Sassonia e anche la Lega lusaziana. Gli hussiti bruciarono le città

---

148 Palacký, Urkundliche Beiträge I, Nr. 15, pp. 22-23.
149 Korschelt, Kriegsdrangsale der OberLusazia, p. 174.
150 Palacký, Urkundliche Beiträge I, Nr. 285, p. 324.
151 Korschelt, Kriegsdrangsale der OberLusazia, p. 174.
152 Ibid., pp. 174-175.
153 Ibid., p. 176.

Attacco di cavalleria crociata ad un wagenburg. Dal *"Geschichte Kaiser Sigismondo"*.

di Weisswasser, Mimoň e Jablonné. Un attacco alla città di Löbau venne respinto, ma la sua periferia fu gravemente danneggiata. La zona intorno a Kamenz (ora Kamjenc in Polonia) venne pure devastata. Infine agli hussiti si unirono il nobile lusazio Sigismondo von Wartenberg a Děčín e da Vilém z Lípa a Ronov nad Doubravou e poi di nuovo verso Löbau. La città di Görlitz ha inviato alcuni cannoni per rinforzare la guarnigione della città. Alla fine, Löbau resistette all'assedio[154]. Oltre ai "rinnegati", il cavalierato e le città lusaze mostrarono una grande unità. Albrecht von Kolditz, nominato amministratore del Land da Sigismondo nel 1425, decise che la Lega avrebbe dovuto assumere un esercito mercenario a lungo termine. Dopo che gran parte dell'esercito della Lega Lusaza era stato distrutto a Ústi, gli uomini di Wartenberg attaccarono nuovamente i villaggi nella tarda estate del 1426. Johann bloccò la città di Zittau con 400 cavalieri, mentre suo fratello Heinrich si diede al furto di enormi mandrie di bestiame tra Dittersdorf e Cunnersdorf.

Mentre questa soldataglia cercava di prendere il loro bottino oltre il confine, furono sorpresi da soldati di Zittau e sconfitti completamente[155].

Nel 1427 gli hussiti compirono un'altra grande incursione in Lusazia. Procopio il Grande e Welek Kaudelink avevano radunato grandi eserciti nelle montagne dello Zittau. Per proteggere il confine minacciato della città, la Landvogt trasferì molti cavalieri dell'Ordine Teutonico a Zittau. Görlitz inviò pure un grande contingente in aiuto. Gli hussiti iniziarono l'assedio al principio di aprile. Ma la guarnigione resistette a tutti i tentativi di assalto e dopo quattordici giorni l'esercito boemo si diresse verso nord. Devastarono Hirschfeld, il monastero di Marienthal e Ostritz. Tuttavia, gli hussiti si ritirarono dall'assedio della città di Görlitz sul fiume Oder, che si era preparata a una forte difesa. Quindi si presentarono a Lauban il 15 maggio. I cittadini della città furono addirittura in grado di battere i boemi con una sortita iniziale. Durante una seconda sortita, tuttavia, vennero sconfitti dagli hussiti. Quando i soldati di Lauban fuggirono di nuovo in città, gli hussiti li seguirono penetrando attraverso i cancelli aperti. La città venne saccheggiata per due lunghi giorni e poi bruciata prima che gli hussiti la lasciarono [156]. La primavera e l'estate del 1428 inizialmente rimasero tranquille. Ma a novembre Welek Kaudelink tornò con un esercito e prese d'assalto il castello di Frýdland. Da lì gli hussiti si trasferirono a Görlitz, che ignorarono di nuovo e da lì proseguirono verso il Löbau, che misero completamente sotto torchio. Ad ovest, un'altra banda si unì al signore di Wartenberg per rubare il bestiame nella Lusazia occidentale. L'11 novembre entrambe le forze tornarono a Rumburk, inseguite dalle truppe del Landvogt. Cinque giorni dopo, i combattimenti si svolsero a

---

154   Ibid., pp. 175-176.
155   Ibid., pp. 176-177.
156   Ibid., pp. 177-178.

Chrastava. La Lega Lusaza riuscì a disperdere gli hussiti al secondo attacco, facendo perdere a questi ultimi non solo il bottino, ma anche 600 morti e 400 prigionieri. A Machnín molti dei boemi annegarono cercando di attraversare a nuoto il fiume Neisse. Altri venivano spinti nei fienili dai lusazi e bruciati vivi. La vittoria suscitò un grande scalpore nella Lusazia del nord. Ma l'hussitismo non si era ancora estinto. Nella primavera e nell'estate del 1429, i piccoli gruppi di razziatori hussiti si spostarono attraverso la Lusazia, prima che la grande invasione boema sotto Procopio il Grande seguisse in autunno (vedi capitolo seguente)[157]. Quando gli hussiti avanzarono finalmente sui monti Erz in ottobre, la Lega Lusaza temette per il prossimo grande attacco. A questo proposito, il Consiglio di Görlitz ha chiesto notizie da Dresda: *"Abbiamo saputo che i dannati eretici potrebbero essersi accampati nel paese di Meissen. Ti chiediamo quindi di dirci che cosa hai sentito dei loro piani, dove sono diretti e quali sono le loro intenzioni"*[158].

Dopo la loro grande campagna, nell'estate del 1430 gli hussiti tornarono di nuovo in Lusazia. Occuparono il Löbau, da dove Sigismondo von Wartenberg effettuò una serie di incursioni su Děčín e dintorni. Minacciò persino Görlitz, ma poi vi passò accanto con il suo esercito e marciò su Rózbork. In dicembre un esercito di orfani passò sopra i monti di Zittau e si diresse verso Bernstadt. Gli abitanti, che avevano già portato tutti i loro averi dietro le alte mura della chiesa per sicurezza, si arresero senza alcuna resistenza e furono quindi risparmiati. I boemi occuparono la città e si spostarono più a ovest. Oltre a Bernsdorf, occuparono anche Altbernsdorf, Cunnersdorf, Dittersbach e Částá. Gli abitanti ricevettero dei lasciapassare scritti e in cambio dovettero promettere di non prendere mai più le armi contro gli hussiti. Inoltre, non dovevano più pagare le tasse ereditarie ai loro signori, ma ai fratelli boemi. Infatti, la collina di Reichenbach, dove venivano emesse le lettere, si chiama ancora oggi "Ketzerberg", "Collina degli eretici". Nel frattempo i contadini dei villaggi circostanti erano fuggiti a Reichenbach. I suoi abitanti decisero di opporsi agli hussiti. Scavarono un profondo fossato attorno alle mura della chiesa e si difesero dietro di loro. Gli orfani saccheggiarono dapprima la città semideserta e poi iniziarono l'assalto alla chiesa fortificata. Il primo attacco fu respinto da una grandine di balestre e proiettili di cannoncini. Ma poi gli hussiti riuscirono a scavalcare il muro nord del complesso della chiesa. Quello che seguì fu un massacro sanguinoso. I difensori rimasti si rifugiarono nel solido edificio della chiesa. Gettarono catrame caldo dalla torre dell'orologio sugli assalitori e respinsero l'assalto. Gli orfani tentarono di assaltare la casa di culto per altri quindici giorni. Quando, il 10 gennaio 1431, davanti a Reichenbach, apparvero i lusazi sotto Thimo von Koldiz e Hans von Polenz, gli orfani diedero fuoco a la città e si ritirarono[159].

Ma a febbraio, un nuovo esercito di taboriti e orfani sotto la guida di Procopio si era spostato dalla Slesia verso Görlitz. Nel frattempo la città aveva ulteriormente migliorato le sue fortificazioni e disponeva di un forte corpo di mercenari. Per questo motivo gli hussiti aggirarono Görlitz e marciarono su Bautzen. I capi della città offrirono a Procopio la possibilità di pagamento di un tributo unico se si fosse immediatamente mosso in altro posto con questo esercito, ma egli rifiutò. Quelli di Bautzen dovettero bruciare la loro periferia, che avevano appena ricostruito, e si ritirarono dietro le loro mura per proteggersi. Il 21 febbraio gli hussiti avevano preparato cannoni pesanti in due luoghi diversi e cominciarono a bombardare la città. Dopo nove ore, Procopio iniziò un assalto che però fu scacciato. Poi gli hussiti lasciarono immediatamente l'assedio e si spostarono a Löbau, che catturarono senza difficoltà e occupa-

---

157   Ibid., p. 178.
158   CDS II 5, Nr. 179, p. 149.
159   Korschelt, Kriegsdrangsale der OberLusazia, pp. 180-182.

Durante le loro invasioni nei paesi vicini, gli hussiti preferirono attaccare piccole città che non erano adeguatamente difese e spesso capitava che i poveri cittadini insieme alle guarnigioni delle città assediate si rifugiassero dentro le mura delle chiese e da lì si difendessero.

rono con 400 uomini, per marciare finalmente a Grosshennersdorf. Un attacco a
Zittau, bombardata con cannoni pesanti,
fallì anche lui, tanto che Procopio guidò
il suo esercito di ritorno in Boemia[160].
A Penacost, Procopio apparve di nuovo
davanti a Zittau e iniziò un tradizionale
assedio della città. Ma la sua guarnigione era stata significativamente rafforzata
dai soldati della Lega Lusaza, in modo
che gli hussiti non rischiassero di tentare
di prendere d'assalto la città. Così Procopio divise il suo esercito, inviò una parte
a Frýdlant e usò l'altra parte per liberare
la piccola guarnigione di Löbau, che nel
frattempo era finita a sua volta assediata
da mercenari lusazi. Successivamente si
spostò in Slesia. Il gruppo che era stato
inviato a Frýdlant sotto Zapko von Zaan
si diresse a nord e si fermò a Lauban (ora
Lubań, Polonia).

La sua popolazione fuggì in un vicino
monastero francescano che all'inizio rifiutò ogni richiesta di capitolare. Inizialmente, essi furono in grado di respingere molti attacchi degli hussiti, ma allora

Attacco di truppe della Lusazia ad un wagenbur hussita.
Dal *"Geschichte Kaiser Sigismondo"*.

l'artiglieria hussita fu in grado di aprire una breccia nelle mura attraverso i quali i soldati di
Zaan forzarono l'ingresso nel monastero. I difensori vennero uccisi o bruciati senza alcuna
pietà[161]. Poiché la guarnigione hussita di Löbau aveva ripetutamente effettuato saccheggi nelle
vicinanze, in luglio i lusazi decisero di riprendere il controllo della città. Löbau cadde dopo un
assedio di ventisei giorni. In seguito il sovrintendente Albrecht von Kolditz raccomandò *"di
bruciarlo, di buttarlo giù e di arare sotto le mura, le torri e le difese della città, e di riempire i fossati*[162]*"*.
Dopo di ciò, la più grande minaccia per il commercio e la pace in generale fu quella operata
da Nicol von Keuschberg, un sostenitore hussita. Aveva Grafenstein e Hamrštějn saldamente
nelle sue mani e aveva trasformato la chiesa di Chrastava in una vera e propria fortezza. Aveva
persino osato attaccare Görlitz. Dopo una lotta indecisa con la sua guarnigione davanti alla
porte della città, fu però costretto a ritirarsi. Keuschberg rimase una minaccia permanente.
Nel gennaio del 1433, gli abitanti di Görlitz e alcuni nobili lusazi riuscirono finalmente ad
attirare le truppe di Keuschberg in un'imboscata vicino a Frýdlant dove li sconfissero mala-
mente. Subirono infatti 60 morti, 9 feriti e 14 prigionieri, la maggior parte dei quali vennero
poi giustiziati in Görlitz. Le truppe vittoriose passarono poi a Chrastava e catturarono il "nido
dei ladri"[163]. Nello stesso anno, Grafenstein fu tradito da Ralsko von Wartenberg che catturò
il castello con soldati di Görlitz. Ralsko stesso fu fatto prigioniero dagli zittauer un po' di

---

160   Ibid., p. 182.
161   Ibid., pp. 182-183.
162   Palacký, Urkundliche Beiträge II, Nr. 795, p. 274
163   Korschelt, Kriegsdrangsale der OberLusazia, p. 183.

tempo più tardi e giustiziato, al che la famiglia giurò una sanguinosa vendetta contro la città. Dopo quel fatto, Johann e Sigismondo von Wartenberg giustiziarono tutti gli zittauer che caddero nelle loro mani durante le loro incursioni. Furono persino così audaci da attaccare il sobborgo dei tessitori in città, radendolo al suolo. In 1434, una scaramuccia ebbe luogo tra una truppa di Zittau e i Wartenberg a Rosenthal bei Hirschfeld. Gli zittauers si ritirarono. I vincitori marciarono quindi verso casa con sei vagoni carichi di bottino. A partire dal 1434, non entrarono più grandi forze hussite in Lusazia, ma la guerra tra la Lega Lusaza, la Wartenbergs e Keuschbergs sarebbero durata altri dieci anni[164].

La grande campagna hussita del 1429-30

Il drammatico e scandaloso fallimento della Quarta Crociata mostrò agli hussiti la debolezza dell'Impero e fece sembrare molto promettente una sortita dalla Boemia. L'immagine di Procopio il Grande era cresciuta così tanto dalla sua vittoria a Ústi e dai successi di Stříbro e Tachov, da poter unire temporaneamente le litigiose fazioni hussite. E infine, Federico il Guerriero, uno dei più pericolosi nemici del movimento degli eretici, morì il 4 gennaio 1428[165]. Un raid nell'area della Germania centrale sembrava una necessità militare in questo momento. Nonostante i successi militari degli hussiti, la lunga guerra, condotta quasi esclusivamente in Boemia, esaurì infatti le risorse del Paese. Nell'aprile del 1427, Gottfried von Rodenberg aveva già fatto rapporto al Gran Maestro dell'Ordine Teutonico sull'aumento dei prezzi dei prodotti alimentari a Praga: "*Inoltre, caro Maestro, secondo Lord Johann von Wartenberg, la vendita di tutti i tipi di cibo di tanto in tanto diventa più costosa a Praga, soprattutto un bushel di sale che uno deve comprare per uno Schock e 20 Groschen[166]*". Il Paese dipendeva addirittura dalle importazioni di beni di prima necessità come il sale, perché non era naturalmente presente in Boemia. Un'incursione in Sassonia densamente popolata e nelle regioni lusaze prometteva la prospettiva di un bottino, soprattutto sotto forma di generi alimentari. Fino ad allora, solo piccole bande avevano attraversato i monti Erz, dove avevano incontrato solo una resistenza relativamente bassa e avevano preso sempre un ricco bottino[167].

Dopo la sconfitta di Ústi, almeno in Sassonia si era consapevoli del pericolo di un'invasione degli hussiti. Nell'estate del 1429, il nuovo elettore Federico II ricevette regolarmente avvertimenti dalla città di Most, che le sue forze stavano ancora difendendo. Ma la campagna di Procopio fu inizialmente diretta contro la regione della Lusazia superiore. Un grande esercito sotto Johann von Koluch e Johann von Wartenberg avanzò oltre le montagne lungo il confine. Gli hussiti presero Oybin, che fu saccheggiato a fondo. Poco dopo seguì un altro esercito sotto Procopio il Piccolo con 4.000 uomini a piedi e 400 a cavallo, accompagnati da 130 carri da guerra. Si trasferirono a Löbau, conquistarono la città e devastarono Ebersbach e Gersdorf. A FrenzElbarg bei Warnsdorf si dice che gli hussiti e i Lusazi abbiano combattuto una grande battaglia con oltre 1.000 morti. Il 3 ottobre gli hussiti apparvero davanti a Görlitz, ma la città resistette al loro attacco e solo alcuni sobborghi caddero vittime delle fiamme. Gli eserciti marciarono poi verso ovest, devastando la zona intorno a Bautzen e le città di Bischofswerda, Pulsnitz e Königsbrück. Il monastero di Marienstern fu incendiato. Kamjenc resistette all'assalto dell'esercito nemico per cinque giorni. Quando gli invasori riuscirono ad abbattere la porta del castello, si spinsero in città. Più di 1.200 persone vennero uccise nel saccheggio che

164   Ibid., pp. 183-184.
165   Krocker, Sachsen und die Hussitenkriege, p. 28.
166   Palacký, Urkundliche Beiträge I, Nr. 434, p. 497.
167   Krocker, Sachsen und die Hussitenkriege, pp. 28-29.

ne seguì. Il 13 ottobre un'altra parte dell'esercito apparve davanti a Bautzen, difeso dal Land Stewart Thimo von Kolditz. Il primo giorno i difensori erano ancora in grado di respingere tutti gli assalti, ma il giorno seguente a Bautzen scoppiarono diversi incendi che distrussero quasi un quarto della città.

Il terzo giorno dell'assedio, mentre gli hussiti cercarono di prendere d'assalto le mura con scale che avevano ottenuto dai villaggi circostanti, il loro leader Molesto veniva fatalmente colpito da due frecce. Scoraggiati, gli hussiti rinunciarono all'assedio. Si diceva che avessero corrotto lo scriba della città, Peter Prischwitz, che doveva rubare la polvere da sparo e dare fuoco alla città per distrarre i difensori. Il 6 dicembre, Prischwitz fu quindi collocato all'interno di un sacco in pelle di mucca e trascinato per la città, sventrato e squartato. Le quattro parti del suo corpo furono poi appese nei punti della cinta muraria che gli hussiti avevano cercato di prendere d'assalto[168].

Il 18 ottobre, Procopio il Grande apparve nella Lusazia superiore con altri 5.000 uomini.

Il comandante aveva abilmente superato i castelli di confine sassoni e fortezze nelle montagne dell'Erz orientale. Gli hussiti riuscirono a superare Altendresden (oggi Neustadt), diedero fuoco al posto, ma lasciarono stare la città notevolmente meglio fortificata sulla riva est come hanno fatto dopo per Meissen. Invece, marciarono lungo la sponda orientale del fiume, lontano a nord (presumibilmente fino quasi a Magdeburgo, ma oggi si dubita) e saccheggiarono con cura quella zona. Successivamente, la forza si voltò ad est e invase la Lusazia inferiore dove gli hussiti saccheggiarono il monastero di Neuzelle e la città di Gubín. Al loro ritorno lontano della Slesia, gli hussiti apparvero di nuovo davanti a Görlitz chiedendo la consegna della città. In risposta, i borghesi infilarono l'inviato hussita in un sacco e lo gettarono nel fiume Neisse. Procopio fece bruciare la periferia di Görlitz, tuttavia, non rischiò un attacco alla città.

Da lì si sono poi rivolti verso ovest. Solo a metà novembre il loro esercito fece ritorno a Praga[169]. Ma a metà dicembre, un esercito hussita molto più forte sotto la guida di Procopio, stimato fino a 40.000 soldati, 4.000 cavalieri e 2.500 carri da guerra, si fece di nuovo strada verso la Sassonia. Il 14 dicembre il comandante lasciò Praga, quattro giorni dopo raggiunse le sue truppe che si erano radunate a Krupka, e il 20 e 21 dicembre gli hussiti attraversarono il passo Nollendorfer e avanzarono verso la città di Pirna[170].

L'elettore Federico inviò ai principi imperiali molte lettere di richiesta di aiuto, ma nessuno venne in suo soccorso. Si trasferì allora con il suo piccolo esercito - purtroppo mancano del tutto stime attendibili - all'interno delle mura della (allora) piccola città di Lipsia, dove si preparò ad un assedio bruciando la periferia. L'esercito di Procopio seminò distruzione attraverso la Sassonia occidentale[171]. Solo allora l'Impero riunì le forze; anzi, solo l'Elettore di Brandeburgo tra i grandi principi accettò di aiutare. Il giovane margravio Johann guidò quell'esercito, qualcosa composto tra i 10.000 e i 20.000 uomini, a Oschatz, mentre l'esercito sassone si schierò tra Grimma e Lipsia[172]. Ma gli hussiti attaccarono prima che entrambi gli eserciti potessero unirsi. Il 29 dicembre catturarono Oschatz e incendiarono la città. Il margravio Johann si ritirò a Lipsia. I boemi presero e incendiarono le città di Strehla, Torgau, Riesa e Belgern nel periodo di Capodanno. Poi avanzarono su Wurzen, bruciarono la città e risalirono il fiume Mulde, che si supponeva avrebbe dovuto attraversare Nerchau il 6 gennaio 1430. Sembra che

<hr>

168   Palacký, Der Hussitenkrieg 1419-1431, pp. 486-489; Krocker, Sachsen und die Hussitenkriege, pp. 29-30; Korschelt, Kriegsdrangsale der OberLusazia, p. 179.
169   Krocker, Sachsen und die Hussitenkriege, pp. 29-30; Korschelt, Kriegsdrangsale der OberLusazia, pp. 179-180.
170   Palacký, Der Hussitenkrieg 1419-1431, pp. 489-490; Krocker, Sachsen und die Hussitenkriege, pp. 30-31; Bezold, Sigismondo und die Reichskriege, pp. 28-29.
171   Krocker, Sachsen und die Hussitenkriege, pp. 31-32; Gundram, Döbeln und die Hussiten, pp. 8-9.
172   Krocker, Sachsen und die Hussitenkriege, pp. 32-33; Gundram, Döbeln und die Hussiten, pp. 9-10; Krzenck, Hussitenkriege, p. 67.

l'esercito sassone non abbia opposto alcuna resistenza. Successivamente gli hussiti si spostarono su Lipsia. Saccheggiarono i villaggi circostanti, ma lasciarono la città commerciale in pace, probabilmente perché non volevano coinvolgere i nemici sassoni unificati con un assedio. Una battaglia non era l'obiettivo di questa campagna[173]. Prima di Lipsia divisero il loro esercito in cinque colonne e marciarono su un ampio fronte verso sud. Il 12 gennaio uno dei gruppi catturò Altenburg, saccheggiò la città, ma fallì nel tentativo di catturare il palazzo fortificato[174]. Il 25 gennaio gli hussiti presero d'assalto Plauen in una *"battaglia qui al castello, i boemi uccisero santi e laici, nobili e comuni, borghesi e contadini insieme a molte persone oneste e [hanno] distrutto e saccheggiato tutto,…"*. Nella piccola città, che nel 1388 contava ancora 3.400 abitanti, si stima che siano state uccise tra le 500 e le 1.000 persone e che molte di esse abbiano subito il taglio di mani e piedi[175].

L'esercito si spostò dal Vogtland nel territorio della Franconia su un percorso parallelo alle montagne lungo il confine boemo tedesco e attaccò i possedimenti degli Hohenzollern. La città di Hof fu presa e bruciata durante la marcia. Anche Kulmbach e Bayreuth caddero nelle loro mani. Solo castelli ben fortificati che opponevano un'ostinata resistenza furono risparmiati. In questa campagna gli hussiti erano alla ricerca di un bottino veloce ed evitavano i duri combattimenti. Poi fu l'elettore Federico di Brandeburgo a chiedere aiuto ai possedimenti dell'Impero per difendere le sue terre ereditarie, ma anche lui fu essenzialmente ignorato.

Norimberga fu minacciata di essere la prossima a cadere vittima della tempesta, così gli Hohenzollers decisero di comprarsi un salvacondotto pagando un considerevole tributo.

Così le città di Bamberga e Forchheim fornirono 12.000 Talers per questo, così come Norimberga, mentre l'Elettore Federico ne pagò 9.000 e Johann di Baviera 8.000[176].

L'11 febbraio, l'Elettore e Procopio, insieme ai più importanti capitani hussiti, si riunirono al castello di Böheimstein per firmare un trattato secondo cui gli hussiti sarebbero tornati in patria dopo il pagamento di un "contributo". Era il primo trattato in cui gli eretici boemi venivano trattati alla pari in una negoziazione. Il trattato portava la firma dei capitani delle cinque maggiori colonne dell'esercito: Jakob Kromesin di Brezovic comandava l'esercito dei taboriti, Ondřej Keřský z Řimovic il Tabor, Jiří di Řečici l'esercito degli orfani, Sigmund Manda z Kotenčic, i praghesi e Jan Královec z Hrádu che comandava le forze delle restanti città boeme. A metà febbraio, gli hussiti fecero finalmente ritorno in patria attraverso i monti Fichtel e la foresta boema. Il 21 febbraio, l'esercito giunse a Praga con centinaia di carri pieni di bottino[177].

In precedenza, la notizia dell'approccio degli eretici aveva causato disordini nel vescovado di Bamberga. Un cronista ha riferito: *"300 audaci furfanti si sono riuniti lì, si sono fatti strada con la forza nel municipio e in altre case, e le donne hanno preso tutto ciò che volevano, per il quale non c'è stato aiuto o consolazione"*. Le comunità valdesi in Franconia furono solidali agli eretici boemi dal 1418. Tuttavia, il saccheggio di Bamberg non può essere visto come un'azione medievale o rivolta popolare come la vulgata marxista ottocentesca amava dipingerla. Quando arrivò la notizia che gli hussiti si stavano avvicinando, la maggior parte della popolazione lasciò la città. Le poche persone rimaste a Bamberg appartenevano quasi esclusivamente alle classi sociali inferiori e sfruttarono a loro volta l'opportunità di rubare nelle case borghesi rimaste deserte[178].

---

173 Palacký, Der Hussitenkrieg 1419-1431, pp. 490-491; Krocker, Sachsen und die Hussitenkriege, pp. 33-34; Döbeln und die Hussiten, p. 10; Krzenck, Hussitenkriege, pp. 67-68.

174 Krocker, Sachsen und die Hussitenkriege, p. 34; Gundram, Döbeln und die Hussiten, pp. 10-13.

175 Grintzer, Zerstörung der Stadt Plauen, pp. 143-144; Krocker, Sachsen und die Hussitenkriege, p. 31.

176 Un Taler era una moneta d'argento usata in alcune aree del Sacro Romano Impero ed è il termine da cui si pensa sia derivata la parola inglese "dollaro".

177 Palacký, Der Hussitenkrieg 1419-1431, pp. 491-496; Krocker, pp. 34-35; Machilek, Hussiten in Franken, pp. 28-30; Bezold, Sigismondo und die Reichskriege, pp. 32-35.

178 Machilek, Hussiten in Franken, pp. 27-28.

L'irruzione nel Brandeburgo del 1432

In una dieta di Praga nel febbraio del 1432, le parti hussite, seppur in litigio tra di loro, accettarono di intraprendere una "cavalcata" importante nel Brandeburgo. Si suppone che stessero cercando di danneggiare finanziariamente l'Elettore del Brandeburgo. Federico I aveva guidato gli eserciti dell'Impero in tre crociate in Boemia, l'ultima volta nel 1431. A questo punto, gli hussiti forse stavano già conducendo negoziati di pace con l'elettorato della Sassonia e speravano che un'incursione nella regione inducesse anche il Brandeburgo a lasciare l'alleanza con Sigismondo. Oltre a questo, un'operazione in un'area finora indenne prospettava un ricco bottino[179]. La "cavalcata" iniziò a marzo con due eserciti. Un esercito taborita di circa 5.000 uomini sotto Otík z Lozy marciava sulle montagne dell'Iser verso la città della Boemia settentrionale di Friedland. La città fu saccheggiata e bruciata. Poi l'esercito si spinse nella Bassa Slesia e occupò Bunzlau e Świebodzice. I taboriti si divisero lì. Un'unità avanzò su Gubín nella Bassa Slesia, l'altra si voltò verso sud e marciò su Görlitz, dove aspettò l'arrivo dell'esercito degli orfani[180]. L'esercito degli orfani sotto Jan Čapek, radunato nella zona orientale Boemia, nella seconda metà di marzo marcò per la prima volta verso nord in due colonne. Un gruppo si era spostato direttamente verso l'elemento taborita prima di Görlitz, l'altro seguiva la marcia di Lozy attraverso la Slesia per unirsi al suo esercito a Gubín il 6 aprile. Poco dopo l'esercito da Görlitz arrivò davanti alla città, in modo che gli hussiti poterono riunire una forza di quasi 10.000 soldati. In vista della schiacciante superiorità numerica, la città aprì volontariamente i cancelli dichiarandosi pronta a pagare un grosso "contributo[181]".

A metà aprile gli hussiti sferrarono assalti da Gubín al Brandeburgo con unità più piccole. Un gruppo avanzò fino a Seelow e saccheggiò la campagna. Ma nella marcia di ritorno degli hussiti, una truppa dalla città di Francoforte attaccò i boemi a Müllrose e li spazzò via. I boemi persero circa 300-400 uomini. Il consiglio comunale scrisse al consiglio di Görlitz sulla battaglia: "*Vi informiamo che con l'aiuto di Dio abbiamo ucciso e bruciato quasi 400 eretici a Melrosen a Stettino. Il martedì successivo [15 aprile] abbiamo catturato più di 40 cavalli*". Così il 13 aprile l'esercito principale lasciò il suo accampamento a Gubín e si trasferì a Francoforte. Ma la città era ben fortificata e resistette ai loro tentativi di prenderla d'assalto. Gli hussiti evitarono un assedio prolungato, saccheggiarono la periferia della città, la rasero al suolo e alla fine si spostarono verso ovest. Nei giorni successivi, molti di loro devastarono il territorio tra i fiumi Oder e Sprea e attaccarono Fürstenwalde e Altlandsberg. Assaltarono Müncheberg, Buckow e Straßberg e bruciarono quasi completamente queste città. Il distaccamento più a nord degli hussiti avanzò fino a Gersdorf, vicino a Eberswalde. Qui il figlio dell'Elettore, il Margravio Johann, radunò l'esercito del Brandeburgo. Tuttavia, aveva bisogno di tempo, cosa che gli hussiti non concessero. Il Brandeburgo dipendeva quindi solo sulla capacità delle sue città di difendersi[182]. La sera del 22 aprile gli hussiti apparvero davanti a Bernau. Non è certo se si trattasse del loro intero esercito o solo di un'unità rinforzata. In ogni caso, durante le loro "belle cavalcate" gli hussiti hanno sempre messo a nudo le zone e non hanno occupato a lungo le città. Quindi una completa concentrazione di forze contro una città sarebbe stata improbabile. Bernau era una città ottimamente fortificata, con mura alte fino a otto metri, intervallate da 42 torri. Il 23 aprile gli hussiti tentarono di prendere d'assalto la città. La coraggiosa popolazione si difese con tutti i mezzi a disposizione, persino versando "treiber", uno

179	Tresp, Hussiten vor Bernau, p. 144; Jecht, Zug der Hussiten nach der Mark, pp. 31-32.
180	Tresp, Hussiten vor Bernau, p. 144; Jecht, Zug der Hussiten nach der Mark, pp. 32-34.
181	Tresp, Hussiten vor Bernau, p. 144; Jecht, Zug der Hussiten nach der Mark, pp. 35-39.
182	Tresp, Hussiten vor Bernau, pp. 144-145; Jecht, Zug der Hussiten nach der Mark, pp. 40-43.

Attacco hussita alla città di Bernau nel Brandeburgo. Dal *"Geschichte Kaiser Sigismondo"*.

spesso sottoprodotto della birra, dalle pareti. Alla fine furono in grado di respingere l'attacco. Gli hussiti tornarono alle loro postazioni e si leccarono le ferite, terminando l'assedio l'indomani giorno. Durante il ritiro degli hussiti, i cittadini di Bernau li tenevano sott'occhio, ma la grande battaglia pianificata dai boemi non ebbe mai luogo[183]. Alla fine, i taboriti e gli orfani si ritirarono dal Brandeburgo in buon ordine. I due eserciti andarono separatamente a Gubín. I taboriti tornarono in Boemia passando per Lusazia, mentre gli orfani imboccarono la via della Slesia. All'inizio di maggio, i due eserciti arrivarono in patria[184].

Gli hussiti in Polonia

Il Gran Regno di Polonia-Lituania inizialmente restava in attesa, anche assumendo parzialmente un approccio protettivo nei confronti degli hussiti. Il motivo era ovvio: il re Ladislao Jagiello era cresciuto nella cultura pagana lituana. La sua conversione alla fede cristiana era avvenuta solo per motivi politici. Da un lato, era per potersi sposare con la figlia del re polacco, Edvige. E dall'altro, voleva togliere la giustificazione religiosa all'esistenza dello Stato dell'Ordine Teutonico, geograficamente circondato dalla Polonia-Lituania. Sicuramente non era saldo nel suo cristianesimo. E la casa di Lussemburgo era un Spina nel fianco, perché Sigismondo governava non solo l'Ungheria e la Boemia, ma anche l'Impero. Così la rivoluzione hussita aveva rappresentato un mezzo ideale per indebolire la sua concorrenza per la corona boema. Gli hussiti che arrivarono in Polonia non furono perseguitati nel regno; e per esempio, il 28 febbraio 1421, il Kaiser Sigismondo scrisse con rabbia a Federico I di Brandeburgo: *"Così il Re di Polonia e il suo il cugino Vytautas accoglie gli eretici di Praga e il loro compagni, e come si suol dire, Vytautas vuole dare loro aiuto e gli consiglia di muoversi contro di noi con la forza; e per accompagnarli, contro Dio e la fede cristiana, e di spodestarci come re della corona di Boemia; e noi, come se non confidassimo in Dio, ma abbandonassimo [la nostra] la speranza completa in Dio per portare tutta la cristianità al disonore e rovina: ed è infatti prevedibile che il Re della Polonia non lascerà suo fratello[185]"*. Nel 1421 Sigismondo inviò una lettera al Gran Maestro dell'Ordine Teutonico. In essa gli ordinava di attaccare il Re di Polonia *"se dovesse accadere che il Re di Polonia e il Duca Vytautas vogliano schierarsi con gli eretici e aiutarli[186]"*.

Solo dopo la crescente pressione di Sigismondo e del Papa, la posizione di Ladislao nei confronti degli hussiti divenne più ostile. Perciò, il 1° aprile 1424, emise un editto contro gli hussiti nella sua terra e chiese che tutti i polacchi che erano andati con Sigismondo Corybut in Boemia dovevano tornare in Boemia, altrimenti li avrebbe considerati eretici[187]. Quell'anno il re polacco prese sempre più le distanze da Korybut e dichiarò di voler radunare un esercito contro gli hussiti, ma affermò che gli mancavano i soldi per farlo. Il Gran Principe lituano Vytautas morì nel 1430. Per lungo tempo ci furono tensioni tra i due popoli del Regno unito polacco-lituano che poi scoppiarono. Ci furono vari pretendenti al trono lituano, uno di loro era Sigismondo Korybut. A marzo, l'anziano re Ladislao convocò una riunione delle tenute del regno di Cracovia in cui si doveva discutere anche della questione religiosa. Se il seguito di Korybut effettivamente riusciva, allora anche l'hussitismo minacciava di prendere piede anche in Polonia[188]

---

183 Tresp, Hussiten vor Bernau, p. 145; Jecht, Zug der Hussiten nach der Mark, pp. 42-46.
184 Tresp, Hussiten vor Bernau, p. 145; Jecht, Zug der Hussiten nach der Mark, pp. 45-47.
185 Palacký, Urkundliche Beiträge I, Nr. 66, p. 65.
186 Palacký, Urkundliche Beiträge I, Nr. 146, p. 156.
187 Palacký, Urkundliche Beiträge I, Nr. 288, pp. 331-333; Nr. 290, pp. 333-334; Šmahel, Hussitische Revolution III, pp. 1936-1937.
188 Palacký, Der Hussitenkrieg 1419-1431, pp. 509-514,

La fuga dei crociati di Sigismondo da Kutná Hora in una tavola del pittore Hugo Schüllinger

Tuttavia, come conseguenza della cooperazione militare tra gli hussiti e i polacchi contro l'Ordine Teutonico nel 1433 e nella stessa Boemia nel 1438, erano sorti contatti tra la piccola nobiltà boema e la polacca. Questo portò a una forma moderata di utraquismo che si diffuse in Polonia. Dopo che le guerre hussite cessarono nella stessa Boemia, i loro fratelli in Polonia tennero relativamente più a lungo. Infatti, dopo la fallita candidatura di un magnate polacco per la corona boema, il vescovo di Cracovia, Zbygniew Olesnicki, tentò di formare una confederazione per combattere la nobiltà utraquista. Il 4 maggio 1439, un esercito di polacchi hussiti sotto Spytko di Melsztyn fu spazzato via dai confederati a Grotniki e con quel colpo, il movimento in Polonia venne decisamente indebolito. Spytko von Melsztyn morì nella battaglia[189].

La "grande cavalcata" del 1433

Durante le grandi campagne hussite nella Germania centrale nel 1429-30, il Gran Maestro dell'Ordine Teutonico aveva già informato i suoi comandanti che gli hussiti *"vogliono invadere e danneggiare anche le nostre terre[190]"*. Le voci non erano del tutto insensate, perché anche il Komtur di Kalau (l'attuale Kaława, Polonia) ricevette una lettera da suo cugino che lo informava ampiamente sulla perquisizione del Margraviato di Meissen da parte degli hussiti, e chiudeva con: *"Anche i prigionieri e gli altri capi [della terra] hanno detto che suppongono che*

<hr>

189 Šmahel, Hussitische Revolution III, pp. 1942-1944.
190 Palacký, Urkundliche Beiträge II, Nr. 618, p. 72.

[gli hussiti] verranno da voi in Terra prussiana, che tu sappia davvero come comportarti, dovrebbero esaminare tali discorsi e minacce che hanno fatto contro il vostro Ordine, quindi dovete parlare con il Grande Maestro per il mio bene[191]".

Gli hussiti si diressero ad ovest, ma quando l'esercito dei taboriti invase la Slesia a marzo, il Gran Maestro sentì nuove voci su una possibile mossa contro la Polonia[192].

Gli hussiti iniziarono la loro più grande "cavalcata" nel 1433. Il 22 marzo l'esercito taborita sotto il comando di Jan Pardus z Vratkova (detto anche Jan Pardus z Hrádku) iniziò a marciare. Gli hussiti marciarono attraverso la Slesia, dove radunarono altri 3.000-4.000 uomini dalle loro guarnigioni. Alla fine di marzo si accamparono nei pressi di Rybnik e completarono le loro provviste. Da lì marciarono su Pless, dove il 10 aprile incontrarono i messaggeri del re polacco. Ladislao non riuscì a convincere gli hussiti a partecipare alla sua guerra contro l'Ordine, ma dato che si erano portati nella Galizia, potevano essere sicuri che Sigismondo non li avrebbe attaccati, se questi avessero combattuto lo Stato dell'Ordine. Poiché aveva anche garantito agli hussiti il diritto di libero transito nel suo regno, riuscendo anche a spezzare il loro sostegno politico a Swidrygello, che ancora si batteva per la successione di Vytautas. Alla fine di maggio, l'esercito di Pardus devastò la Galizia e in tre settimane percorse l'enorme distanza di 1.300 chilometri[193].

Alla fine di aprile, invece, un esercito orebita e un'unità degli orfani di Hradec Králové sotto la guida congiunta di Jan Čapek si trasferirono in due colonne nella Pomerania prussiana e nella Neumark, entrambe appartenenti all'ordine teutonico. Tuttavia, gli hussiti subirono una prima battuta d'arresto a Francoforte sull'Oder, dove il loro tentativo di attraversare il fiume fu respinto da soldati della Lusazia. Gli hussiti tornarono a Gubín e poi a Glogau, dove raggiunsero la riva destra dell'Oder e rafforzarono il loro esercito con le truppe locali che portarono le loro forze a 700 cavalieri, 350 carri da guerra e da 5.000 a 7.000 soldati. Poi fecero una rapida avanzata attraverso la Grande Polonia fino a Neumark, dove occuparono Friedeberg a metà giugno. Durante il successivo saccheggio di quella città, tre chierici, tra cui un rifugiato dalla Boemia, vennero infilati in barili dipinti con catrame e bruciati[194]. Gli hussiti continuarono la loro avanzata. Dopo la loro dimostrazione di forza a Friedeberg, molte città aprirono volontariamente le loro porte e pagarono i "contributi". Questi erano per lo più limitati al denaro e al cibo, perché all'esercito lontano dalla patria mancava la capacità di trasporto per spostare bottini ingombranti. L'intendente di Neumarkt chiese urgentemente al Gran Maestro rinforzi per le sue forze numericamente deboli. Il Komtur di Elbing cercò di arruolare un esercito il più rapidamente possibile, ma nel frattempo gli hussiti si spinsero inesorabilmente in avanti, presero Woldenberg, Landsberg e Soldin. Nessuna campagna dell'esercito hussita aveva una così forte componente straniera come questa, perché nel frattempo anche un esercito polacco si era unito ai boemi. L'incursione nelle terre dell'Ordine servivano anche soprattutto agli interessi dei re polacchi che continuavano la loro guerra contro i cavalieri teutonici[195].

Dopo la sconfitta dei Cavalieri Teutonici a Tannenberg e dopo il Trattato di Torun, i Fratelli dovettero assistere alla riduzione del loro potere sulle coste del Mar Baltico. Non avevano i soldi per assumere mercenari per difendersi dalla minaccia hussita-polacca. Il Gran Maestro fu sopraffatto dalle lamentele di tutti i suoi Comandanti. Nel frattempo gli hussiti si spin-

---

191   Palacký, Urkundliche Beiträge II, Nr. 665, p. 129.
192   Palacký, Urkundliche Beiträge II, Nr. 670, p. 137
193   Šmahel, Hussitische Revolution III, pp. 1575-1576.
194   Šmahel, Hussitische Revolution III, pp. 1578-1579; Korowski, Die Marienburg, p. 273.
195   Šmahel, Hussitische Revolution III, p. 1579; Zimmerling, Der deutsche Ritterorden, pp. 273-274; Korowski, Die Marienburg, p. p. 273.

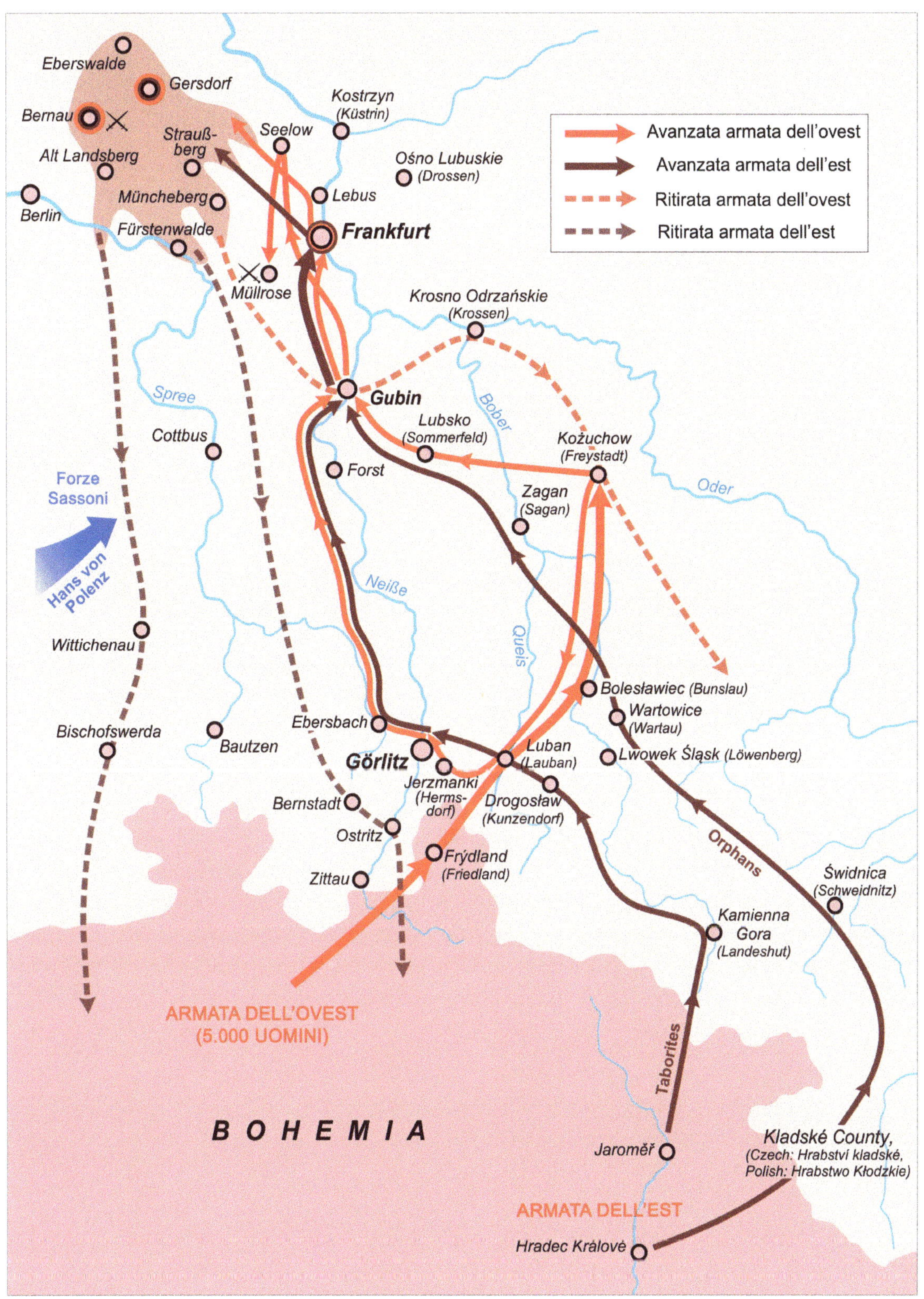

Il grande raid hussita nella marca del Brandeburgo nel 1432

gevano verso Konitz e Tuchel. Konitz era solo un piccolo castello, ma venne ostinatamente difeso dall'energico Komtur Erasmus Fischborn. Esercitando tutte le sue forze, organizzo bene le sue difese. I cavalieri avevano tuttavia poco da gioire, dato che la maggior parte delle città di Kulmer Land (ora Chełmno Land, Polonia) aveva rifiutato la chiamata del Gran Maestro al servizio militare. Ma Konitz dimostrò di essere un osso troppo duro da rompere per gli hussiti. Per sei settimane, loro e i loro alleati polacchi rimasero in piedi davanti al castello. Čapek esortò il comandante polacco, Janusz di Michalów, a passare ad altri obiettivi. Ma i polacchi volevano assolutamente prendere il castello. Il 22 luglio, Michalów diede ordine di prendere d'assalto il posto. Ma poiché l'artiglieria non era ancora in grado di fare alcuna breccia nei fitti muri di mattoni, l'assalto fallì. Un hussita aveva già provato a scavare una miniera sotto le mura della fortezza, tuttavia, il tunnel cedette prematuramente. L'acqua di una riserva di pesca vicina inondò il tunnel in modo che molti di quelli che stavano scavando morirono annegati. Quattro hussiti furono salvati dagli assediati. Come ringraziamento, Čapek rilasciò un centinaio di i mercenari dell'Ordine dalla prigionia e inviò al Komtur i vestiti che aveva prestato ai quattro uomini salvati. Alla fine l'esercito d'assedio ebbe serie difficoltà di approvvigionamento. Il 18 agosto, l'esercito degli orfani ruppe il campo e si diresse a Dirschau (ora Tczew, Polonia). I polacchi seguirono subito dopo[196]. Dirschau era molto meno preparata a sopportare un attacco. Siccome i cittadini si rifiutarono di abbattere le case sparse alla periferia delle mura della città, gli hussiti le diedero fuoco. Il vento sparse le scintille in città e provocò un grave incendio. Dirschau venne completamente bruciata. Quando la città aprì le sue porte agli assedianti, i boemi fecero un bagno di sangue tra la popolazione. I polacchi stettero fermi ad osservare, o consegnarono anche i loro loro prigionieri agli hussiti. Gli esuli boemi furono bruciati sul rogo. Quando le atrocità presero il sopravvento, il Castellano di Cracovia mise finalmente fine a questi ultimi con la forza di armi[197].

Successivamente l'esercito si trasferì a Danzica, ma anche qui, le sue mura si rivelarono troppo forti come quelle di Konitz. Mentre la cittadinanza rifiutava il comando del Gran Maestro di fare il servizio militare, ma per loro fortuna la guarnigione della città era ancora forte.

Gli hussiti assalirono la città per quattro giorni, ma furono sempre respinti da pesanti perdite. Alla fine rinunciarono anche a questo valido obiettivo[198]. Invece, i boemi saccheggiarono il vicino monastero di Oliva e si mossero attraverso l'estuario della Vistola fino alle spiagge del Mar Baltico. Lì il comandante più anziano, Čapek, convocò i suoi e annunciò con orgoglio di averli condotti alla fine del mondo. Solo il mare era stato in grado di limitare gli hussiti. Duecento nobili polacchi e Čapek furono nominati cavalieri sulla spiaggia. Molti hussiti riempirono le loro scorte d'acqua salata, che volevano portare nella loro terra natia come trofeo[199]. Sulla via del ritorno, gli hussiti continuarono a devastare la terra. Ladislao Jagiello aveva ottenuto ciò che desiderava. Il 13 settembre 1433, nel campo polacco vicino a Jeßnitz, fu concluso un trattato preliminare che inizialmente era valido fino a Natale. Solo la morte del re, il 30 maggio, ritardò le ulteriori trattative, e i colloqui finalmente si conclusero il giorno di Capodanno del 1435 con il duraturo trattato di Brzesk. Tuttavia, a quel punto, gli hussiti avevano già da tempo lasciato le terre dell'Ordine. La campagna per il Mar Baltico fu l'ultima delle "belle cavalcate". Nel frattempo la situazione politica era cambiata drasticamente. Il tempo degli eserciti da campo animati da religioni radicali stava volgendo al termine[200].

---

196   Šmahel, Hussitische Revolution III, pp. 1580-1581; Zimmerling, Der deutsche Ritterorden, p. 274.
197   Šmahel, Hussitische Revolution III, p. 1581; Zimmerling, Der deutsche Ritterorden, pp. 274-275; Korowski, Die Marienburg, p. pp. 273-274.
198   Korowski, Die Marienburg, p. p. 274.
199   Šmahel, Hussitische Revolution III, pp. 1581-1582; Zimmerling, Der deutsche Ritterorden, p. 275.
200   Šmahel, Hussitische Revolution III, p. 1582; Korowski, Die Marienburg, p. pp. 274-275.

La quinta crociata hussita

Alla fine di aprile del 1430, Velek z Březnice, un capitano degli orfani, si trasferì nella Slovacchia occidentale con circa 10.000 uomini di guarnigione dalla Città Nuova di Praga. L'avanzata hussita iniziò molto favorevolmente fino a quando il 23 aprile si imbatterono nel risoluto esercito ungherese sotto il comando di Sigismondo. Il re guidò la difesa del suo paese dal castello di Schintau (Šintava, oggi Slovacchia), mentre i comandanti del suo esercito attirarono gli hussiti in una zona paludosa a Tyrnau (Trnava, attuale Slovacchia). Il 28 aprile attaccarono i boemi. Sotto la guida del comandante dell'esercito, Stibor di Stiborze, penetrarono nel wagenburg nemico. Velek cadde nei combattimenti che ne seguirono.

Eppure gli hussiti riuscirono a spingere gli ungheresi fuori dalle loro posizioni e a ritirarsi sotto la copertura delle tenebre. Furono aiutati dalla circostanza che il vice di Stibor, János Maróti, che era arrivato tardi e pensava che la battaglia fosse persa, si ritirò con i suoi cavalieri aprendo così di fatto una via per la ritirata degli hussiti. Le stime, secondo le quali 6.000 combattenti ungheresi furono uccisi nella battaglia, sembrano davvero esagerate[201].

Procopio il Grande operò con un altro esercito in Moravia. Gli hussiti bloccarono la città di Brno e riuscirono a conquistare il castello di Šternberk[202]. La paura del ritorno degli hussiti era alta, soprattutto in Sassonia. Lipsia migliorò le sue mura nei mesi estivi del 1430. Ma gli eretici boemi non rischiarono oltre importanti progressi nella Germania centrale. Pertanto, Sigismondo riuscì, anche se con molto sforzo, ad organizzare una nuova crociata nel 1431, ma l'impresa rispecchiava spaventosamente la campagna del 1428. Un piccolo esercito tedesco si trasferì a Tachov e da lì nella piccola città di Domažlice[203].

Dopo che Procopio ebbe radunato il suo esercito, che secondo a varie fonti ammontava a 40.000-50.000 uomini e 5.000 carri, si mosse contro i cavalieri crociati. Questi erano accampati sulle alture intorno alla città. Il 14 agosto gli hussiti si riversarono contro di loro in buon ordine. Quando l'esercito di Procopio si avvicinò ai crociati, Federico di Brandeburgo ordinò agli elementi dell'esercito di accamparsi a nord della città per spostarsi ad est e formare un wagenburg per proteggere le potenziali vie di ritiro. Ma questi si dimenticò fatalmente di informare gli altri comandanti della schieramento. Poi quando il legato pontificio cardinale Cesarini e gli altri comandanti dell'esercito sentirono le urla degli hussiti e, allo stesso tempo, osservavano come i carri di Brandenburgo viaggiavano sempre più velocemente in direzione del confine, pensarono che il loro comandante avesse in animo di ritirarsi. Scoppiò il panico e i cavalieri fuggirono sulle montagne. I cavalieri e i fanti si riversarono nei boschi, i carri li seguivano al galoppo, per cui gli uomini che si occupavano del treno dei rifornimenti gettarono tutte le provviste per andare avanti più velocemente. Il Cardinale cercò di ristabilire un wagenburg nel bosco per impedire un inseguimento da parte degli hussiti, ma gli inseguitori si erano già prossimi ai loro nemici e presero d'assalto l'anello che non era ancora stato completamente chiuso. Eppure i mercenari italiani riuscirono a tenere a bada gli hussiti fino a notte fonda. C'era il caos totale *"e chi poteva fuggire rapidamente, ben per loro. Le persone se ne sono andate in fretta, l'esercito si era separato e tutti tornarono indietro a casa[204]"*

Heinrich von Plauen, che si era già distinto nella Quarta Crociata, salvò lo scosso cardinale Cesarini con la sua cavalleria. La cavalleria hussita inseguì i crociati fino al confine. Le perdite furono probabilmente piccole, ma gli hussiti sostenevano di aver catturato almeno 2.000 carri

---

201   Šmahel, Hussitische Revolution II, pp. 1490-1491; Palacký, Der Hussitenkrieg 1419-1431, pp. 506-507.
202   Palacký, Der Hussitenkrieg 1419-1431, p. 507.
203   Palacký, Der Hussitenkrieg 1419-1431, pp. 520-524; Šmahel, Hussitische Revolution II, pp. 1513-1518; Krocker, Sachsen und die Hussitenkriege, p. 37; Durdík, Hussitisches Heerwesen, pp. 236-238.
204   Palacký, Urkundliche Beiträge II, Nr. 764, p. 242. Si veda anche Šmahel, Hussitische Revolution II, pp. 1519-1521

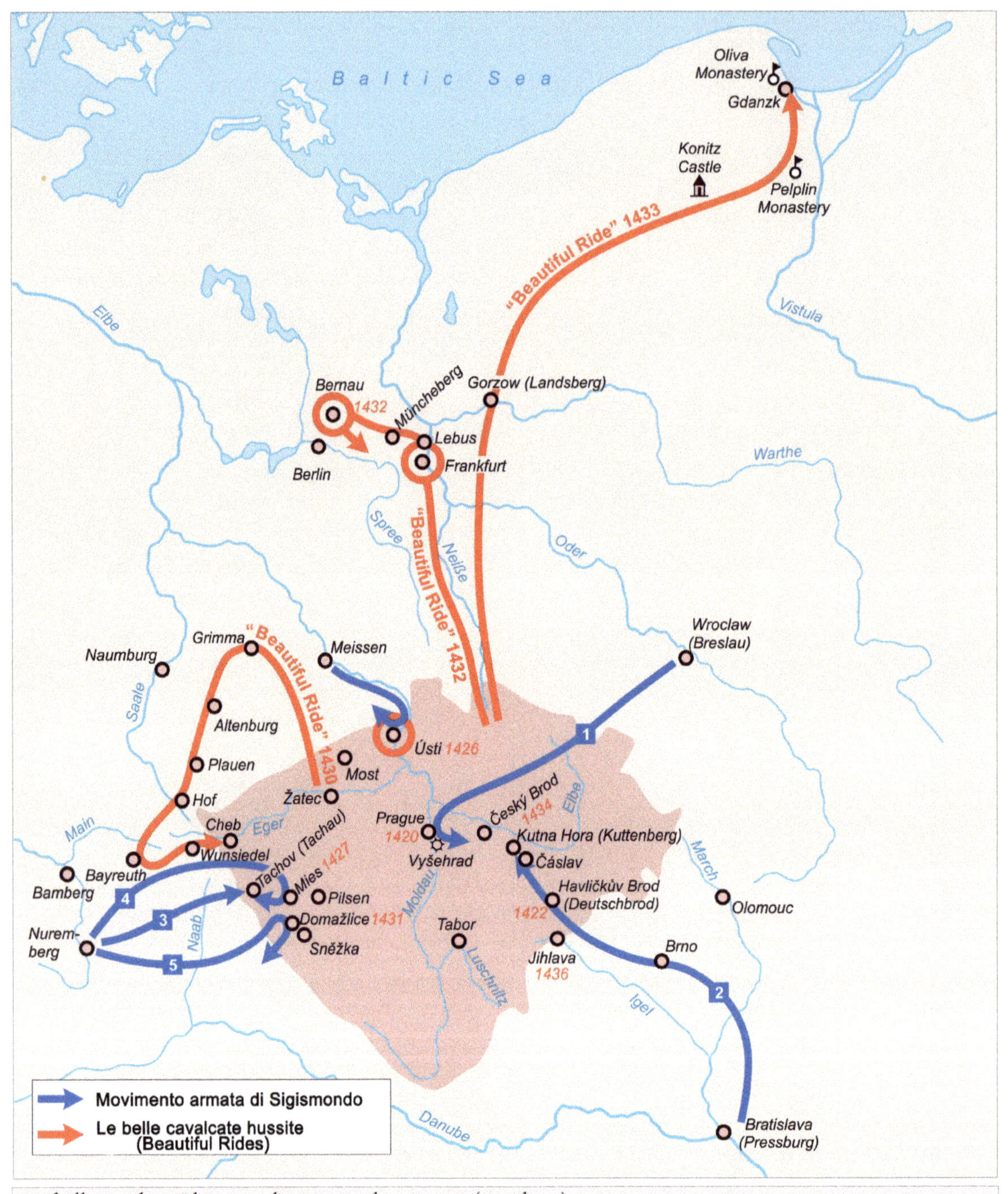

Le "belle cavalcate" hussite e le risposte dei crociati (riepilogo).

e 300 cannoncini dell'esercito dei crociati. Insieme a quelli anche il tesoro dell'esercito nemico, ricche tende e beni di molti nobili benestanti che erano stati abbandonati con i carri. La battaglia di Domažlice ha dimostrato in modo impressionante che non era sufficiente copiare il wagenburg hussita per vincere una battaglia. Per sconfiggere un metodo disciplinato e ben organizzato come quello degli hussiti, i crociati avevano bisogno di un'organizzazione meglio coordinata[205].

205   Palacký, Der Hussitenkrieg 1419-1431, pp. 531-547; Krocker, Sachsen und die Hussitenkriege,p. 37; Durdík, Hussitisches Heerwesen, pp. 238-240.

Albrecht d'Austria diede inizio alla sua campagna molto tardi, come aveva fatto nelle precedenti crociate. Ad agosto, marciò da Eggenburg via Iglau verso la Boemia. Le forze hussite rimaste sul luogo si ritirarono di fronte al suo esercito numericamente superiore. A metà del mese - non si sa dove - attaccò un presunto esercito di 14.000 uomini utraquisti che si dice abbia perso 6.000 uomini nell'ingaggio. Ma quando Procopio il Grande si spostò a sud con la maggior parte dei taboriti e gli orfani dopo la battaglia di Domažlice, anche Albrecht interruppe la sua campagna all'inizio di settembre[206]. Pertanto, gli hussiti tornarono ad essere attivi in autunno. Un grande esercito di taboriti e orfani invase l'Ungheria. Jan Čapek vi guidò le forze dalla Slesia e si unì alle truppe di Procopio il Grande nella Valle di Váh. Tuttavia, un po' più tardi, i taboriti sotto Procopio tornarono indietro perché era sorto un disaccordo con Čapek sul bottino. Egli continuò la sua campagna con gli orfani di Hradec Králové e le truppe della Città Nuova di Praga, saccheggiò molte città e a novembre tornò a casa con un ricco bottino. Ma il 9 novembre, attraversando il fiume Waag, le sue forze vennero attaccate da un'armata ungherese. L'artiglieria boema riuscì a respingere il primo attacco, ma le fredde piogge autunnali avevano ammorbidito il sentiero e trasformato le rive del fiume in una palude. I carri pesanti rimasero bloccati nel fango e gli ungheresi continuarono i loro attacchi giorno dopo giorno. Dopo dieci giorni di duri combattimenti, Čapek riuscì a salvare solo settanta dei carri carichi del bottino più prezioso. Il suo esercito avrebbe perso due terzi dei suoi 7.000 soldati[207]. A settembre, un altro esercito di circa 5.000 uomini e 360 carri sotto la guida di Jan Sokol z Lamberka, entrò nel Waldviertel austriaco. La campagna inizialmente andò bene.

Gli hussiti saccheggiarono l'Altenburg e il Pernegg e si prepararono a marciare di nuovo con i loro carri completamente carichi. Ma poi, il 14 ottobre 1431, un'armata nazionale austriaca li raggiunse e li batté duramente a Kirchberg. Sokol riuscì a salvare solo una parte del suo esercito. Le bandiere da campo catturate dal nemico furono poi esposte nella cappella di corte viennese[208].

Ma il successo hussita a Domažlice, la ripresa delle "belle cavalcate" e forse la stanchezza bellica dei più importanti principi tedeschi, soprattutto l'Elettore di Sassonia, portarono alla conclusione il 23 agosto nel nord della Boemia, Frýdštejn, di un trattato di pace biennale tra i duchi sassoni da una parte e i taboriti e gli orfani dall'altra.

Infine una nota di storia presunta. Per secoli si è detto che nel 1433 ci fu una nuova invasione hussita della Sassonia. Che un tale attacco, in cui la città di Taucha, nella Sassonia settentrionale, venisse saccheggiata, sia realmente avvenuto, oggi è stato messo seriamente in dubbio dalle ricerche più recenti e approfondite, se non altro a causa del trattato esistente firmato il 23 agosto. È possibile che alcune piccole bande abbiano attraversato il confine, ma non ci fu certamente un'operazione grande come quella del 1429-1430[209].

206   Stöller, Österreich im Kriege gegen die Hussiten, pp. 67-68.
207   Palacký, Böhmen und das Baseler Konzil, pp. 20-21.
208   Stöller, Österreich im Kriege gegen die Hussiten, pp. 68-69; Palacký, Böhmen und das Baseler Konzil, p. 19; Šmahel, Hussitische Revolution III, pp. 1525-1527.
209   Krocker, Sachsen und die Hussitenkriege, pp. 38-39; Palacký, Urkundliche Beiträge II, Nr. 819, pp. 304-306; Šmahel, Hussitische Revolution III, pp. 1550-1551.

Il concilio di Basilea

Dopo la sconfitta di Domažlice e i rinnovati gravi problemi di Sigismondo nell'arruolare un nuovo esercito al Reichstag, il Cardinale Legato Cesarini suggerì al re una soluzione diplomatica. Decisero di invitare i boemi al prossimo Concilio ecclesiastico di Basilea. Questa raccomandazione fu accolta in modo diverso dagli hussiti. Mentre i praghesi acconsentirono a partecipare, i taboriti rifiutarono qualsiasi trattativa. Ma anche gli orfani, che avevano discusso con i taboriti sulla divisione del bottino durante l'ultima campagna in Ungheria, erano d'accordo; così si raggiunse la maggioranza necessaria all'assemblea nazionale. Inizialmente fu inviata una delegazione a Cheb per discutere le modalità di negoziazione con i delegati del Consiglio[210]. Sulla base di queste trattative, i combattimenti si alleggerirono temporaneamente nel nord e nell'ovest della Boemia, mentre nel sud solo la guerra partigiana sul confine continuò usualmente. Nella primavera del 1432, le bande di taboriti più piccole progredirono ulteriormente nell'Alta Austria, dove saccheggiarono i monasteri di Waldhausen e Baumgartenberg ben due volte. Il 2 maggio, in risposta, il duca Albrecht d'Austria avviò una campagna contro il monastero di Hradisch, base principale degli hussiti della Moravia, che cadde dopo un breve assedio[211]. Allo stesso tempo i rappresentanti hussiti si erano accordati con i rappresentanti del Consiglio a Cheb sulle modalità di negoziazione e sulla garanzia di un salvacondotto per i delegati boemi. Tuttavia, il tentativo di stabilire un trattato generale per il territorio fallì a causa del rifiuto totale dei taboriti[212].

Per evitare che la loro mancata volontà di negoziare fosse vista come un segno di debolezza, poco dopo i taboriti riunirono il loro esercito sotto Procopio il Grande e passarono all'azione con nuove "belle cavalcate" in Slesia, Ungheria e Austria. In Ungheria catturarono la fortezza di Tyrnau che sarebbe rimasta in loro possesso per molto tempo. Dopo che le bande hussite più piccole furono ripetutamente sconfitte dalle truppe austriache negli ultimi mesi del 1432, i taboriti invasero il territorio con un grande esercito nel febbraio del 1433 e catturando l'importante fortezza di Rosenburg[213].

Nel frattempo arrivò la prima delegazione di utraquisti a Basilea il 4 gennaio. I boemi presentano le loro richieste nei primi negoziati. Ma non fu raggiunto alcun risultato degno di nota fino ad aprile perché entrambi i rappresentanti della Chiesa cattolica, così come gli hussiti, insistevano sulle proprie posizioni. Ma i rappresentanti della Chiesa si dimostrarono più abili, diplomaticamente parlando. Inviarono una delegazione a Praga per garantire che le trattative non venissero interrotte. Anche Sigismondo, che era stato incoronato imperatore nel frattempo, fu in grado di elaborare un approccio tra il Papa e i suoi delegati che lavorarono sodo per una riconciliazione[214]. Ma Basilea non era l'unico luogo dove un futuro cessate il fuoco era in discussione. A giugno si discuteva animatamente anche alla dieta di Praga, alla quale parteciparono anche i delegati della Chiesa da Basilea e alcuni delegati del Duca Albrecht d'Austria. Ma la parola di Andreas Procopio aveva ancora peso ed egli si espresse con veemenza contro il cessate il fuoco. Quando i delegati di Basilea lasciarono Praga il 3 luglio, erano infatti consapevoli che avrebbero dovuto fare concessioni agli hussiti per far sì che almeno le ali moderate giungessero ad un accordo[215]. A Basilea anche il cardinale Cesarini si mostrò disposto a scendere a compromessi. Pertanto, le forze moderate aumentarono d'importanza. Gli utraquisti

210   Šmahel, Hussitische Revolution III, pp. 1530-1540; Stöller, Österreich im Kriege gegen die Hussiten, p. 73.

211   Stöller, Österreich im Kriege gegen die Hussiten, pp. 74-75; Šmahel, Hussitische Revolution III, pp. 1544-1550.

212   Stöller, Österreich im Kriege gegen die Hussiten, p. 75.

213   Ibid., p. 77.

214   Šmahel, Hussitische Revolution III, pp. 1560-1575; Stöller, Österreich im Kriege gegen die Hussiten, pp. 77-78.

215   Šmahel, Hussitische Revolution III, pp. 1575- 1591; Stöller, Österreich im Kriege gegen die Hussiten, p. 78.

Un cannoniere hussita. Il soldato tiene fra le mani una sorta di leggera colubrina che viene appoggiata in una apposita fessura praticata nel suo palvese che gli permette una relativa stabilità nello sparo.

si unirono alle città cattoliche in Boemia. Al Consiglio di Basilea, avevano almeno potuto ottenere la comunione con il calice per essere di nuovo ammessi nel regno. Alla fine anche i taboriti e gli orfani mandarono i loro rappresentanti in Svizzera, tra cui Procopio il Grande. Ma il sacerdote e i suoi sostenitori non vollero raggiungere qualsiasi compromesso, e presto se ne andarono deluso. Tuttavia, attraverso un accordo con gli utraquisti, il Papa e l'imperatore firmarono una soluzione per la questione hussita il 30 novembre 1433[216].

La caduta: Lipany

Nel 1430, l'economia boema era al tracollo. La guerra aveva prosciugato il paese e il commercio si era pericolosamente indebolito. I prezzi salirono drasticamente mentre la moneta veniva svalutata. Due merci importanti, il sale, che non veniva estratto lì, e il vino che non veniva prodotto, erano normalmente acquistati da mercanti austriaci. Ma il Duca proibì l'esportazione di questi beni verso il "Ketzerland" (Paese degli eretici). Pertanto, anche queste merci venivano ambite come bottino durante le "belle cavalcate"[217]. Nell'estate del 1433 gli hussiti si concentrarono soprattutto sull'assedio di Pilsen. In concomitanza con l'assedio, altri grandi distaccamenti fecero ripetutamente incursioni nell'Oberpfalz per saccheggiare cibo e denaro[218]. A metà settembre, Procopio incaricò i capitani Jan Pardus e Jan Ritka di Bezdedice di effettuare una tale incursione nell'Oberpfalz con 500 cavalieri e 1.500 uomini a piedi. Gli hussiti avanzarono fino a Cham e devastarono brutalmente tutta la campagna. Il 21 settembre 1433 le loro forze furono infine attaccate e decisamente sconfitte a Hiltersried da un esercito notevolmente più piccolo appartenente al conte palatino Johann von Pfalz-Neumark (che in realtà non era presente alla battaglia; l'armata era invece comandata da Heinrich Pflug).
La colpa di questa sconfitta sarebbe nata da un "carrista" che aveva lasciato per negligenza una apertura nel wagenburg. I mercenari del Pfalzgraf sfruttarono questa circostanza e si dice che abbiano poi ucciso 1.200 hussiti e catturati 300. Pardus e Ritka tornarono con solo una manciata di uomini dell'esercito che assediava Pilsen[219].
La sconfitta scatenò una rivolta del campo dell'esercito taborita. Procopio, che era stato costretto a letto in degenza per lungo tempo, divenne l'obiettivo degli attacchi, così come lo sono stati i due capitani sconfitti. Alla fine di settembre, lui e Pardus furono sollevati dalle loro posizioni e imprigionati per un breve periodo. Presto la situazione si calmò di nuovo, ma dimostrava che l'unità dei taboriti non era più così incrollabile come lo era stata qualche anno prima. Un po' più tardi, quando Jan Čapek arrivò con l'esercito degli orfani al fronte di Pilsen, assunse il comando di entrambi gli eserciti da campo. Gli uomini di Čapek, che erano appena tornati dalla loro incursione nel Mar Baltico, presentarono con orgoglio al loro compagno il ricco bottino saccheggiato[220]. Ma gli hussiti non si godettero il loro bottino molto a lungo. In dicembre, gli assedianti sferrarono un mezzo assalto alla città, che fu respinto. Quando i difensori fecero una sortita contro l'accampamento degli orfani, riuscirono persino a riprendersi il tesoro. All'inizio del 1434, mentre i taboriti e gli orfani stavano ancora assediando Pilsen, la solidarietà delle singole fazioni hussite andò in frantumi per sempre. Il Kaiser Sigismondo,

---

216 Šmahel, Hussitische Revolution III, pp. 1597- 1621; Durdík, Hussitisches Heerwesen, p. 242; Stöller, Österreich im Kriege gegen die Hussiten, pp. 78-80.

217 Stöller, Österreich im Kriege gegen die Hussiten, p. 7.

218 L'Oberpfalz si trova nella Baviera orientale, di fronte all'attuale confine ceco, e comprende tra l'altro le città di Cham, Neukarkt e Weiden.

219 Machilek, Hussiten in der Oberpfalz; pp. 211-215; Šmahel, Hussitische Revolution III, pp. 1594-1595; Rieder, Die Hussiten, p. 225; Schmidt, Die große Schlacht, pp. 23-24.

220 Šmahel, Hussitische Revolution III, pp. 1596-1597; Rieder, Die Hussiten, pp. 225-226.

Battaglia di Lipany del 30 maggio 1434 del pittore boemo Věnceslav Černý- La cavalleria crociata tenta di abbattere le difese del cerchio di carri hussita ed entrare nel campo.

utilizzando notevoli risorse finanziarie, riuscì ad unire la maggioranza dei nobili boemi dalla sua parte. Inoltre, la dieta accettò il Patto di Basilea e quello di Praga. I nobili boemi moderati formarono una nuova "Lega dei Signori" e insieme alla maggior parte dei praghesi si schierarono dalla parte del Re. I taboriti e gli orfani radicali, che ancora si rifiutavano come prima, finirono isolati in un colpo solo[221].

Con questo, entrambi gli eserciti da campo hussiti si ritrovarono in un situazione militarmente precaria. Mentre l'assedio di Pilsen li teneva legati insieme nella parte più occidentale del regno, gli utraquisti stavano radunando un esercito nelle vicinanze di Kutná Hora. Da lì, gli utraquisti avrebbero potuto attaccare Hradec Králové, o Tabor, pesantemente fortificata. Nella Boemia occidentale i cavalieri fedeli al Re, e anche i signori, formarono piccole bande per intercettare il rifornimento dell'esercito assediante. A Praga, gli abitanti della Città Vecchia che erano fedeli al re, si prepararono per l'assedio della Città Nuova, ancora radicale. Il 2 maggio, Čapek incontrò alcuni dei suoi capitani nella città moldava. In questa situazione minacciosa, a Procopio il Grande venne chiesto di riprendere il comando degli eserciti.

Procopio accettò e preparò la difesa della Città Nuova di Praga. Ma la Lega dei Signori fu più veloce. Il 5 maggio l'esercito fedele al Re apparve davanti a Praga e il giorno dopo occupò la Città Nuova[222]. Procopio decise allora di mobilitare l'Esercito della Patria nel Tabor e unirsi agli eserciti sul campo. Ma il 5 maggio a Pilsen, la fazione fedele al re ottenne un successo spet-

221   Šmahel, Hussitische Revolution III, pp. 1625-1631.
222   Šmahel, Hussitische Revolution III, pp. 1630-1632; Rieder, Die Hussiten, p. 227.

tacolare quando un enorme convoglio di grano superò l'esercito assediante ed entrò nella città. Inoltre gli hussiti ricevettero la notizia che l'esercito della Lega dei Signori si stava preparando a lasciare Praga e, se possibile, ad attaccarli dalle retrovie. Poiché era sempre più improbabile che Pilsen morisse di fame, Prokupek, l'amministratore degli orfani, interruppe l'assedio il 9 maggio e marciò via Hostovice verso la Moldavia. Pochi giorni dopo, si unì alle forze frettolosamente sollevate di Procopio. L'esercito di Pilsen arrivò a Praga il 26 maggio, dove le forze della Lega dei Signori si stavano preparando per l'avanzata su Český Brod. Il comandante di questo esercito era Diviš Bořek z Miletínka, un vecchio cognato di Jan Žižka. L'esperto comandante capì chiaramente che non doveva cercare l'esercito di Procopio, ma che si sarebbe presentato non appena la Lega dei Signori avrebbe iniziato l'assedio di Český Brod[223].

Il 27 maggio 1434, gli elementi di comando dell'esercito arrivarono nella città situata a circa 30 chilometri ad est di Praga. Un giorno dopo le forze di ricognizione segnalarono l'avvicinamento dei taboriti e degli orfani. Il 30 maggio i due eserciti si scontrarono a Lipany, vicino a Český Brod[224]. L'esercito di Procopio il Grande comprendeva solo 10.000 uomini, dei quali 700 erano cavalieri. Completava l'armata un numero di più di 360 carri. L'Unione Utraquista era composta da 20.000 uomini con 660 carri da guerra. Gli eserciti taboriti sul campo si erano avvicinati al campo di battaglia in una rapida marcia e avevano stabilito un wagenburg su una collina a ovest di Lipany. Con Diviš Bořek z Miletínka, gli utraquisti possedevano anche un esperto comandante sul campo che aveva imparato il suo lavoro sotto Žižka. Miletínka conosceva la tattica standard hussita: attendere l'attacco degli avversari e contrattaccare immediatamente non appena il nemico veniva respinto dal wagenburg. Pianificò la battaglia di conseguenza. Si suppone che abbia disposto tutti i suoi carri in undici file. Tra le 3 e le 4 del pomeriggio, i Signori dell'esercito della Lega marciarono verso il wagenburg di Procopio. Una bella pioggia primaverile iniziò a cadere facendo salire la nebbia dai prati umidi. Quando gli utraquisti giunsero a portata di mano, spararono con i quattro cannoni che erano stati spostati davanti. La colonna dei carri iniziò a marciare intorno alla collina per presentarsi al fianco sinistro dei taboriti[225]. Un cronista ha descritto in dettaglio i seguenti combattimenti: *"I nostri capitani mandarono quattro cannoni al punto di contatto. E gli altri cannoni furono piazzati tutti di lato. Quando la nostra avanguardia corse verso il fronte dei taboriti, allora le nostre truppe spararono con i cannoni sulla linea dei taboriti. Il fuoco dei cannoni ebbe una breve durata. Rimasero per un attimo costernati. Si voltarono come se volessero lasciare il campo. Poi gli hussiti si misero a sparare con tutte le loro armi contro la nostra. Poi il Signore Nicolaus tornò nel nostro raggio operativo, ma poi Lord Nikolaus si voltò e si ritirò un po' indietro come se volesse cedere terreno. Quando gli hussiti lo videro, allora aprirono il loro wagenburg per inseguirci. A quel punto il Signore Nicolaus fece tornare indietro tutti i nostri e prese d'assalto il wagenburg, combattendo con i nemici per molto tempo. Così i nostri signori, Meinhardt von Neuhaus, von Rosenberg e altri signori che erano i migliori uomini in armatura, penetrarono nel wagenburg e aiutarono i nostri. Nel frattempo i nostri sopraffecero il nemico rovesciando i loro carri, in modo che le nostre truppe potessero entrare nel oro cerchio. Una volta entrati nel campo abbiamo ucciso tutti i nemici[226]"*.

Dopo la svolta dei carri della Lega dei Signori, ci fu un breve ma intenso duello di artiglieria. Il fumo della polvere da sparo gravò su tutta la valle privando i taboriti e gli orfani della visi-

---

223 Šmahel, Hussitische Revolution III, pp. 1634-1637.
224 Šmahel, Hussitische Revolution III, pp. 1636-1637; Durdík, Hussitisches Heerwesen, p. 242; Stöller, Österreich im Kriege gegen die Hussiten, p. 80.
225 Šmahel, p. 1639; Durdík, Hussitisches Heerwesen, pp. 243-245.
226 Palacký, Urkundliche Beiträge II, Nr. 912 B, pp. 416-417

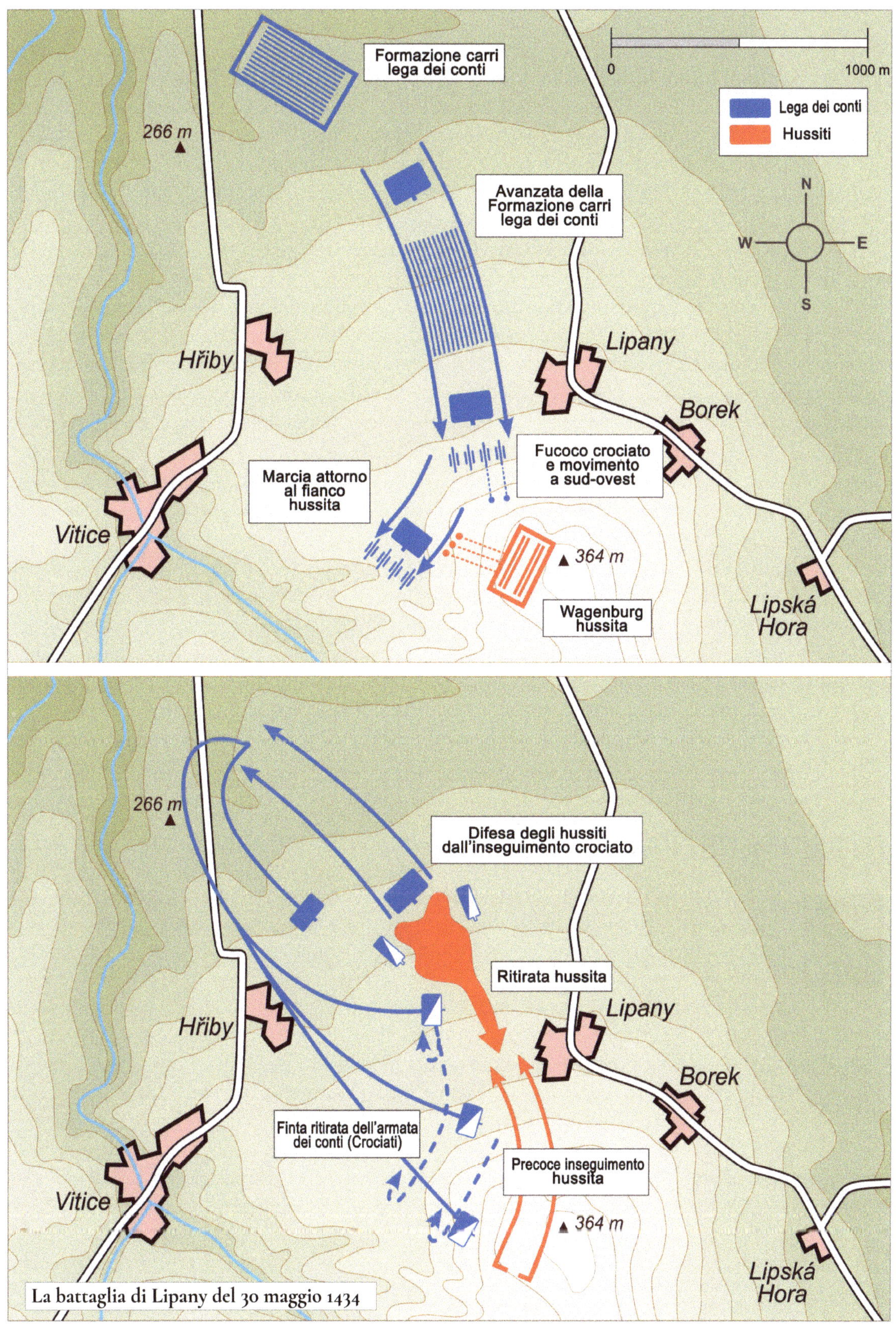

Formazione carri lega dei conti
266 m
Avanzata della Formazione carri lega dei conti
Lega dei conti
Hussiti
0
1000 m
N
W
E
S
Hřiby
Lipany
Borek
Marcia attorno al fianco hussita
Fucoco crociato e movimento a sud-ovest
Vitice
364 m
Wagenburg hussita
Lipská Hora
266 m
Difesa degli hussiti dall'inseguimento crociato
Ritirata hussita
Hřiby
Lipany
Borek
Finta ritirata dell'armata dei conti (Crociati)
Precoce inseguimento hussita
364 m
Vitice
Lipská Hora
La battaglia di Lipany del 30 maggio 1434

bilità. Tuttavia, riuscirono a riconoscere che la colonna dei carri della Lega dei Signori aveva fatto un giro di 180° e aveva marciato verso Lipany. Quando si allontanò, Čapek pensò che Miletínka fosse in procinto di ritirarsi e ordinò un inseguimento. Il wagenburg venne aperto e la cavalleria e i fanti iniziarono l'assalto agli utraquisti. Ma gli utraquisti si aspettavano l'attacco e riuscirono a sfruttare la loro superiorità numerica sul campo di battaglia aperto. Passo dopo passo i radicali cedettero il passo al loro wagenburg. Nel frattempo, la punta della colonna di carri degli utraquisti si era girata e aveva attaccato l'avversario sul fianco. Molte fonti sostengono anche che Miletínka teneva pronta la nascosta cavalleria nel fianco del wagenburg e fece partire l'attacco sulle fanterie dei radicali. Questi gruppi alla fine si fecero strada anche nel wagenburg. Eppure gli hussiti sulle prime riuscirono ancora a colmare le lacune del cerchio di carri e a imbottigliare l'elemento d'assalto principale degli utraquisti. Ma un numero sempre maggiore di fanti nemici li inseguiva e così riuscì un secondo assalto finale al Wagenburg. Procopio e Prokupek vennero entrambi uccisi durante i successivi feroci combattimenti corpo a corpo. Jan Čapek sentì i segnali disperati che gli ordinavano di tornare, ma lui stesso era talmente pressato che dovette correre al wagenburg per chiedere aiuto. Fuggì con parte della sua cavalleria nella città fortificata di Kolín, per la quale in seguito fu spesso accusata di tradimento[227]. La vittoria degli utraquisti fu completa. Solo una piccola parte dei taboriti e degli orfani fu risparmiata e passò di fatto agli utraquisti. Gli altri furono giustiziati sul campo di battaglia. Si dice che circa 900 furono bruciati in granai vicino a Český Brod[228].

La Battaglia di Lipany ruppe definitivamente la spina dorsale degli eserciti radicali hussiti sul campo. Certo, il conflitto con i gruppi più piccoli durò un po' di più, ma le poche battaglie che ancora si verificarono furono per lo più infruttuose per gli hussiti radicali. Il 4 maggio 1434 a Brno in Moravia, il duca Albrecht concluse un trattato di pace in tutto il Paese, a cui anche i nobili hussiti acconsentirono. I gruppi radicali intanto continuarono la loro guerra e si sono impegnarono un'altra incursione in Austria a giugno. Gli hussiti operarono fino a Krems e alla fine del mese tornarono a casa carichi di bottino. Tuttavia, questo attacco rese più facile per Albrecht ottenere i mezzi per una nuova campagna in Moravia, ma anche questo non portò nessun risultato significativo[229].

IL RE HUSSITA

igismondo del Lussemburgo fu certamente un sovrano sfortunato. Il suo regno visse la più grave crisi ecclesiastica del Medioevo. Egli stesso si dimostrò un riformatore pronto a scendere a compromessi. Mentre gli utraquisti non riuscirono a realizzare le loro richieste per l'attuazione dei Quattro Articoli di Praga al Consiglio di Basilea, alla fine gli fu permesso, con il consenso di Sigismondo, di avere la comunione con il calice. Praga ricevette un vescovo utraquista. Il re suggellò questa promessa nei cosiddetti Compatti di Jihlava. Nel 1436, il Landtag Boemo riconobbe il lussemburghese come re. Poi Sigismondo dichiarò conclusa la rivoluzione hussita e morì un anno dopo[230]. Come suo successore scelse il genero, Albrecht d'Austria, che in realtà fu anche eletto re dai possedimenti boemi e che entrò a Praga nel 1438. Anche lui morì dopo un anno, il 27 ottobre 1439. In questi anni, gli ultimi eserciti degli hussiti radicali finirono tutti distrutti. Jan Roháč z Dubé, sopravvissuto alla battaglia di Lipany, si barricò con alcuni combattenti orfani nel suo castel-

---

227   Šmahel, Hussitische Revolution III, pp. 1639-1640; Durdík, Hussitisches Heerwesen, pp. 245-247.
228   Durdík, Hussitisches Heerwesen, p. 247.
229   Stöller, Österreich im Kriege gegen die Hussiten, pp. 80-81.
230   Šmahel, Hussitische Revolution III, pp. 1622-1640; Rieder, Die Hussiten, pp. 230-233; Macek, Revolutionäre Bewegung, pp. 166-169; Hönsch: Geschichte Böhmens, pp. 148-149.

lo di Dubé, anch'esso assediato dal re Sigismondo. Dopo la caduta del castello il 6 settembre 1437, Jan e 53 dei suoi compagni d'armi furono impiccati a Praga. Un altro esercito hussita fu spazzato via il 23 settembre 1438 da un'armata sassone a Želenice, vicino alla città di Most[231]. Dopo la morte di Albrecht II, in Boemia iniziò un lungo periodo di tumulto per la successione al trono. Due partiti lottarono per il dominio del paese: uno era quello cattolico, incentrato su Ulrich von Rosenberg, ancora attivo, e l'altro era quello degli utraquisti intorno a Meinhard von Neuhaus. Alla fine, nel 1440, un giovane si fece avanti tra di loro e riuscì a riunire i partiti frammentati. Jiří z Poděbrad proveniva da una delle famiglie nobili che si erano unite agli hussiti all'inizio del movimento. Suo padre era presumibilmente un amico intimo di Žižka, che era anche il padrino di Jiří. All'età di 14 anni il giovane scudiero aveva partecipato alla battaglia di Lipany. Nel 1448, Jiří, nel frattempo divenuto anche capo degli utraquisti, fu eletto amministratore nazionale. Poi il Partito cattolico occupò Praga. In risposta, Jiří levò un bell'esercito nel nord del paese. Nel settembre del 1448 marciò verso la Moldavia con meno di mille uomini e occupò la capitale senza grandi difficoltà. Meinhard von Neuhaus, il burgravio dell'Hradschin, venne arrestato e portato al castello di Poděbrady. Poiché Jiří si rifiutò di rilasciare Meinhard e voleva metterlo davanti a un tribunale penale e civile, alla fine scoppiò una guerra civile in Boemia, da cui Jiří uscì vincitore[232].

Successivamente partecipò alla guerra fratricida sassone (1445-1451) al fianco di Guglielmo il Coraggioso. Gli eserciti boemi si spinsero ancora una volta in Sassonia. La mossa di Jiří fu vista come una nuova invasione "hussita". Nel 1451 l'imperatore Federico III nominò Jiří come Maresciallo della Boemia, e poco dopo i possedimenti lo elessero Amministratore Nazionale. Due anni dopo i boemi elessero il il giovane duca austriaco Ladislao Postumo come re, ma egli morì nel 1557. Il 27 febbraio 1458, Jiří emerse dalle conseguenti nuove elezioni come vincitore grazie ai suoi numerosi sostenitori all'interno della nobiltà terriera degli utraquisti. Ma questa elezione non venne riconosciuta nel sud del paese. Jiří si mosse con un esercito contro la città di Jihlava, da lui assediata quattro mesi prima che accettasse il suo ruolo. Anche la città di Breslavia dovette essere costretta con la forza a rendergli omaggio[233]. A partire dal 1459, Jiří riuscì a superare gli effetti delle guerre hussite. Quell'anno il trattato di Eger tra lui e i Wettin stabilì il confine boemo-sassone che ancora oggi è riconosciuto. Il paese prosperò nuovamente sotto il suo dominio. Ci volle molto impegno, ma egli normalizzò i rapporti con la Santa Sede, perché soppresse le fazioni hussite più radicali, che il Papato ancora ripudiava. Jiří decise di attuare i Patti di Jihlava e, in qualità di re, protese gli utraquisti hussiti e i cattolici. Tuttavia il papa conservatore Paolo II lo scomunicò nel 1466. Allora il partito cattolico si unì all'Alleanza di Zelená Hora (della Montagna Verde) e, sebbene Federico III e anche il re ungherese Mattia Corvino avessero mantenuto fino ad allora buoni rapporti con Jiří, cominciarono ad agire militarmente contro il re hussita sotto la pressione del Papato. Gli ungheresi occuparono gran parte della Moravia, dove Mattia Corvino si fece incoronare come nuovo re di Boemia il 3 maggio 1469 a Olomouc. Nel 1470, Jiří riuscì a riconquistare ampie parti del paese. Nonostante il divieto papale, la maggioranza dei boemi ancora sosteneva il carismatico re. Ma la sua morte inaspettata il 22 marzo 1471 pose fine alla guerra. Poi Mattia Corvino e il figlio del re polacco Kasimir, Ladislao II, litigarono per la corona boema. Entrambi erano cattolici professi. Ladislao alla fine prevalse e così la famiglia polacca Jagiello governò in Boemia fino al 1526[234].

231   Šmahel, Hussitische Revolution III, pp. 1687-1690; Rieder, Die Hussiten, pp. 236-241; Macek, Revolutionäre Bewegung, pp. 166-167; Hönsch, Geschichte Böhmens, pp. 149-151.
232   Hönsch, Geschichte Böhmens, pp. 154-158.
233   Bachmann, Georg von Podïebrad, pp. 602-606; Palacký, Georg von Podïebrad I.; Rieder, Die Hussiten, pp. 244-253.
234   Hönsch, Geschichte Böhmens, pp. 158-163; Bachmann, Georg von Podïebrad, pp. 606-612; Palacký, Georg von Podïebrad II.; Rieder, Die Hussiten, pp. 253-288.

LA RIVOLUZIONE HUSSITA COME RIFORMA BOEMA

A grande forza e principale caratteristica del movimento hussita, l'elemento nazionale, alla fine divenne una debolezza decisiva, perché rendeva molto più difficile estendere il movimento al di fuori del paese. Mentre i boemi si allontanavano sempre più dal punto di vista confessionale, il fallimento dell'ala radicale divenne inevitabile. Solo le trattative degli utraquisti, aperti ai compromessi, potevano preservare le idee hussite. Nel 1435, con il sostegno di Sigismondo, i possedimenti boemi scelsero addirittura Jan Rokycana come nuovo arcivescovo hussita. Ma Rokycana non ricevette mai il riconoscimento papale. A differenza di Roma, Sigismondo e i suoi successori erano comunque molto favorevoli a una riconciliazione delle fazioni religiose. Il 5 luglio 1436 ratificò i Patti di Jihlava, che sostanzialmente confermarono i Patti di Praga e permisero ai praghesi un vescovo calistino. Ma questo accordo non ottenne mai il riconoscimento papale. Nel 1462, Papa Pio II annullò nuovamente i Patti e chiese l'unificazione delle chiese della Boemia. Dopo la morte di Jiří di Podesebrad, con l'instaurazione di una dinastia cattolica con gli Jagelloni, la politica dei nuovi re nei confronti degli hussiti cambiò ben poco. Anche Ladislao II lavorò duramente per il riconoscimento papale dei Patti. Nel 1485 li confermò nuovamente al Landtag di Kutná Hora e permise ai suoi sudditi in Boemia la libera scelta della loro religione tra cattolicesimo e utraquismo. La Pace religiosa di Kutná Hora era molto più tollerante della Pace religiosa di Augusta del 1555 nell'Impero tra cattolici e luterani, o dell'Editto di Nantes del 1598 tra cattolici francesi e ugonotti. Le disposizioni furono riconosciute in un ulteriore Reichstag nel 1512. Anche i valori radicali dell'hussitismo acquistano nuova forza nel XV secolo. Ancora una volta fu la teologia valdese che portò allo scorporamento dei fratelli boemi e moravi. Nel 1459 crearono ufficialmente la loro chiesa, ma furono perseguitati a lungo. Solo quando la diversità religiosa aumentò nel corso della Riforma, i fratelli raggiunsero almeno la tolleranza ufficiale nel 1574-75 nella *Confessio Bohemica*. La *Confessio Bohemica* servì come riconoscimento dei protestanti nel Paese, e con essa ottenne l'estensione della pace religiosa di Kutná Hora alle loro congregazioni. Nella seconda metà del XVI secolo gli utraquisti e i protestanti raggiunsero un accordo. Non sorprende che anche lo stesso Lutero abbia scritto: *"Avevo già, senza pensarlo, imparato tutto da Hus [...] semplicemente che siamo tutti hussiti, senza saperlo[235]"*. Nel 1609, nella Lettera di Sua Maestà, Rodolfo II concede ai boemi il diritto di esercitare la libertà religiosa. Questa lettera fu strappata dal suo successore, Ferdinando II, dopo che gli eserciti cattolici sconfissero i boemi ribelli nel 1620 nella battaglia della Montagna Bianca. A seguito della Controriforma, sia i protestanti che gli hussiti furono cacciati dalla Boemia o costretti a scomparire. Fu solo con la fine del dominio asburgico nel 1918 e la successiva istituzione di una Cecoslovacchia indipendente, che si rifondò la Chiesa Evangelica dei Fratelli Boemi (1918) e la Chiesa cecoslovacca hussita (del 1420), più vicini all'utraquismo che al luteranesimo. Oggi entrambi Le Chiese hanno circa 154.000 membri[236].

---

235   Luther, Gesammelte Werke, p. 1541.
236   Hönsch, Geschichte Böhmens, pp. 419-525.

Nella pagina a sinistra una incisione coeva della battaglia di Hiltersried. Secondo alcuni storici questa si sarebbe combattuta attorno al 1430. Se è questo il caso si tratterebbe della più antica riproduzione di un obice hussita (al centro dell'immagine). Ad ogni modo si tratta di una interessantissima fonte per la descrizione degli armamento in quel periodo. (bpk/RMN . Grand Palis/Philippe Fuzeau)

EFFETTI DEL SISTEMA MILITARE HUSSITA SUGLI ALTRI ESERCITI EUROPEI

 l Duca Albrecht d'Austria è stato uno dei primi europei principi a modernizzare il suo esercito in base all'influenza del movimento hussita. Egli fu particolarmente colpito dall'entità delle truppe hussite. Di conseguenza, inizialmente determinò quanti maschi abili tra i 16 e 70 anni c'erano nel suo paese. Inoltre, egli chiese che le città, i paesi e i castelli fornissero un'esatto inventario delle loro attrezzature militari a portata di mano. Poiché l'Austria rappresentava uno dei primi obiettivi degli hussiti al di fuori della Boemia, il duca si sforzò anche di migliorare le sue fortificazioni di confine[237]. Dopo le cattive esperienze di Albrecht con le unità della Landwehr nelle campagne del 1424 e del 1425, nel febbraio 1426 emanò un ordine di difesa nazionale che gli assicurò saldamente un esercito di 1.000 cavalieri della classe cavalleresca e delle città, oltre che delle istituzioni della Chiesa. Inoltre, le città avrebbero dovuto pagare 24.000 fiorini e il sacerdozio ne avrebbe dovuti pagare altri 43.000 per finanziare queste forze. Inoltre, le fortificazioni di alcune città vennero modernizzate[238].

Il 28 aprile 1431, il Duca emanò una nuova direttiva dell'esercito seguendo da vicino il modello hussita. Un uomo su dieci della popolazione sedentaria doveva essere arruolato per la prossima campagna. Un uomo ogni venti uomini doveva avere un carro e poteva eleggere un leader[239]. Incoraggiato dai suoi successi nel 1431, il duca Albrecht ridusse al minimo la parte mercenaria del suo esercito di 1.000 uomini affidandosi sempre più all'esercito nazionale e ai cavalieri.

Divise il suo paese in sei "quarti", le cui leve sarebbero state addestrate da quattro capitani di quartiere. Un capitano anziano era a capo dell'esercito. L'unità tattica più piccola dell'esercito era un "gruppo di fanteria" di 200 uomini e un carro. In caso di necessità di difendere il paese, la nobiltà doveva presentarsi *"con servitori, cavalli, armature, armi e altre cose"*, e per campagne all'esterno del paese con 500 cavalieri[240].

Fin dall'inizio, le sei città della Lusazia si erano affidate alle leve dei cittadini e dei contadini in misura notevolmente maggiore rispetto ad altre che hanno partecipato alle guerre. In un accordo del 1421 su un'imposta congiunta con i principi di Slesia, si affermava che, tra l'altro, per ogni dieci uomini doveva esserci un carro di accompagnamento. *"Vale a dire che ogni carro doveva avere una catena, che si chiama Landzucht, due assi, due pale per le tombe, una pala, due seghe, un'ascia o due. E ognuno di essi dovrebbe portare le sue armi migliori, come picche, balestre e altri oggetti[241]"*. Nel luglio del 1424, i Margravi di Meissen decisero anche di istituire una Landwehr, *"per una migliore pace, uso e protezione"*. La percentuale di artiglieri nelle leve sassoni aumentò notevolmente. Come in Boemia, il potere finanziario delle città rese possibile l'acquisto di armi costose. Ad esempio, il 26 maggio 1426, l'elettrice Katharina scrisse al Consiglio Comunale di Lipsia sulle forze della città che sarebbero dovute andare a Ústi come esercito di soccorso, *"chiediamo ardentemente che tu venga, a cavallo e su carri, con tutte le forze, a Dresda, il martedì dopo il giorno di San Bonifacio (5 giugno) con cannoni, colobrine a cavalletto, polvere da sparo e altre attrezzature"*. Il flagello da guerra acquisì grande popolarità anche nel 1430 e nel 1440 a Meissen e divenne un'arma standard per i fanti[242].

---

237   Stöller, Österreich im Kriege gegen die Hussiten, pp. 17-18.
238   Ibid., pp. 37-38.
239   Ibid., p. 66.
240   Ibid. , p. 71.
241   Palacky, Urkundliche Beiträge I, Nr. 150, p. 150.
242   Dolínek/Durdík, Historische Waffen, p. 152.

Si presume che questa immagine mostri una battaglia delle guerre hussite. Il bue che appare nello stendardo di destra rappresenta un insegna morava, tuttavia potrebbe anche far riferimento a uno scontro coi turchi.

Nel 1430, quando l'Assemblea imperiale di Norimberga decise di radunare un esercito per riportare la pace in Boemia, disse: "*Il vescovo di Magonza, il vescovo di Colonia, il vescovo di Treviri, il conte del Palatino sul Reno avranno un esercito e un wagenburg e metteranno da parte le loro dispute...*[243]". Anche i duchi di Sassonia e Braunschweig, i conti terrieri della Turingia e dell'Assia, il principe elettore del Brandeburgo, i vescovi di Würzburg, Hildesheim, Halberstadt, Maitburg e Bobinburg, i cavalieri svevi e francofoni e i principi di Slesia e Lusazia, le città imperiali e il duca d'Austria furono esplicitamente incaricati di fornire vagoni da guerra. Inoltre, la composizione della fanteria secondo il modello hussita era controllata con precisione: "*Qualunque cosa ogni principe, signore o città fornisca in qualità di soldato a piedi o cavaliere con corazza, essi saranno uniformemente un cannoniere e un balestriere con bulloni, piombo, polvere e tutto ciò che ne fa parte. Inoltre, essi daranno un capitano per ogni dieci pentiti e un capitano per ogni cento e un capitano per ogni mille*[244]". Allo stesso tempo la chiamata stabilì quanti cannoni dovevano fornire i singoli principi. Il Duca di Sassonia, uno dei più potenti principi imperiali, doveva portare 14 cannoni sparapietre e un cannone incendiario per sparare sulla campagna. Simile alla situazione in Boemia, le città dell'Impero giocarono un ruolo decisivo nel fornire cannoni che i principi stessi di solito non potevano permettersi. Già nel 1420 il re Sigismondo chiedeva per la prossima crociata alle Sei Città della Lusazia di "*inviare e caricare il più grande cannone che avete nelle vostre città*[245]". Fin dall'inizio, l'artiglieria ebbe un grande ruolo negli eserciti crociati, almeno per gli assedi. Nell'estate del 1421, quando la seconda crociata raggiunse la città di Maštov, un mercenario di Norimberga riferì che il comandante dell'esercito "*desiderava i nostri cannoni e anche il nostro equipaggiamento*[246]". Nel documento relativo all'unione delle forze dei principi di Slesia e delle Sei Città nel 1421 si parla di un già potente arsenale di artiglieria: "*Anche le terre e le città di Schweidnitzer devono portare con sé un grande cannone, 15 fucili a cavalletto e 100 cannoncini. Inoltre, gli altri principi, terre e città porteranno con sé tutto ciò che è a loro disposizione. Summa summarum, 20 grandi cannoni con i quali si possono far crollare le mura, 300 fucili a cavalletto e 2.000 cannoncini*[247]".

---

243   Palacký, Urkundliche Beiträge II, Nr. 731, p. 198.
244   Palacký, Urkundliche Beiträge II, Nr. 731, p. 199.
245   Palacký, Urkundliche Beiträge I, Nr. 13, p. 21.
246   Palacký, Urkundliche Beiträge I, Nr. 135, p. 145
247   Palacký, Urkundliche Beiträge I, Nr. 140, pp. 150-151.

La tavola mostra il cavaliere Federico von Dohna.
Suo padre fu l'ultimo margravio di Dohna, in
Sassonia. Fino al 1402 la famiglia la famiglia era fra
le più potenti della zona di Dresda, ma perse tutto
in una guerra contro il margravio di Meissen. Dopo
tale data Friederich divenne un mercenario e nel
1410 lo vediamo combattere per l'ordine dei cavalieri
teutonici. Nel 1426 prende parte alla campagna di
Usti con l'armata sassone finché non rimane ucciso
in battaglia. Lo stemma di famiglia erano due corna
di cervo bianche in campo azzurro.

Jànos Hunyadi fu un importante comandante di origine transilvana. Egli ebbe le sue prime esperienze militari alla fine delle guerre hussite in qualità di mercenario per l'imperatore Sigismondo. Incisione del XV° secolo

Per la quarta crociata del 1427 dovevano essere pronti in totale 211 cannoni di ogni tipo. La parte del leone - quasi un terzo - fu fornita dalla città imperiale di Norimberga, il che sottolinea in modo impressionante il suo potenziale economico. Al contrario, Monaco fornì un solo cannone[248]. Nel gennaio del 1430, il principe elettore del Brandeburgo Federico I chiese alla città di Norimberga di avere grandi cannoni e personale per equipaggiarli. *"E come la vostra grazia principesca ci ha chiesto due cannoni e maestri cannonieri, desideriamo quindi prestare alla vostra grazia due cannoni, un Büchsenmeister e molte palle di cannone di pietra[249]"*. Nonostante ciò, bisogna tenere presente che altre entità non hanno impiegato, direttamente o permanentemente, le più importanti innovazioni tecniche hussite, come il carro da guerra e l'uso massiccio di armi da fuoco. Nel XVI secolo, il carro da guerra venne superato perché gli eserciti europei furono fortemente orientati verso i lanzichenecchi svizzeri, formazioni in massa che possedevano un grande potere offensivo. Nella seconda metà del XV secolo, l'artiglieria da campo, ad eccezione di quella del Borgognone di Carlo il Temerario, perse l'importanza che aveva per gli hussiti[250].

Il movimento hussita ha avuto un'influenza significativa anche sulla costruzione dei castelli. Gli architetti tedeschi si orientarono sugli esempi boemi o vi svilupparono le proprie idee, per rendere più resistenti le difese dell'Impero contro le armate hussite che erano dotate di forti cannoni. Ciò era riconoscibile soprattutto dall'integrazione di torri angolari rotonde, a "D" o a ferro di cavallo nelle mura. Inoltre, le ricerche scientifiche hanno dimostrato che l'introduzione di varie forme di feritoie nei castelli per le colubrine a gancio, è avvenuta prima nell'Impero rispetto a quanto precedentemente accettato, cioè nel 1420 e nel 1430. Queste comprendevano feritoie a forma di pala, rotonde e a forma di serratura, nonché feritoie a T, a volte combinate tra loro. Queste feritoie erano a volte poste in modo molto ripido nella torre e parzialmente sfalsate a piccoli passi per deviare eventuali colpi[251]. Nella regione bavarese le misure erano già evidenti da tempo. La Fortezza di Königstein sul Danubio fu eretta intorno al 1410 per proteggere il Ducato di Baviera. A causa della minaccia hussita, l'espansione del complesso venne notevolmente accelerata tra il 1421 e 1424 e fu costruito, tra le altre cose, uno "zwinger[252]". Nel 1429, il duca Ludovico VII di Baviera-Ingolstadt iniziò il massiccio rafforzamento delle fortificazioni della città di Schärding, che incorporò le innovazioni della fortificazione di quel periodo.

---

248   Bleicher, Das Herzogtum Niederbayern, pp. 141-142
249   Palacký, Urkundliche Beiträge II, Nr. 634, p. 94.
250   Lugs, Handfeuerwaffen I, p. 15.
251   Zeune, Hussitenzeitliche Wehrelemente, pp. 130-132, 150-152
252   Uno zwinger è un'area aperta tra due muri difensivi che viene utilizzata per scopi protettivi. Gli zwinger erano costruiti nel Medioevo e nell'Alto Medioevo per migliorare la difesa dei castelli e delle mura di cinta.

IL SIGNIFICATO DEL SISTEMA MILITARE HUSSITA PER LA STORIA MILITARE

Alcuni storici dell'Europa occidentale sono del parere che il sistema militare hussita non ha dato alcun contributo duraturo all'ulteriore sviluppo degli eserciti tardo medioevali, e il wagenburg durò a malapena oltre le guerre hussite, come sistema tattico. Per esempio, lo storico militare tedesco Siegfried Fiedler è giunto alla conclusione: *"Le loro guerre di un decennio e mezzo (1419-1434) hanno avuto un impatto duraturo sull'ambiente, tuttavia, essi non hanno portato a nessun cambiamento fondamentale e rivoluzionario al più ampio corso degli sviluppi militari[253]"*. È contraddetto dallo storico ungherese László Veszprémy, che si è concentrato maggiormente sull'influenza del sistema militare hussita nell'Europa orientale: *"Di grande importanza fu anche la lotta hussita in Boemia nel XV secolo, che divenne uno dei motori della modernizzazione militare della regione. Gli hussiti riuscirono a sconfiggere le truppe imperiali tedesche per molti anni, e gli hussiti servirono come mercenari in ogni paese della regione[254]"*.

Ciononostante, deve essere messo a verbale che le innovazioni hussite hanno avuto poca influenza sull'Europa occidentale.

Il loro moderno impiego dell'artiglieria fece storia per il suo uso conservativo, limitato principalmente agli assedi, per altri 100 anni, fino a che l'esercito borgognone di Carlo il Temerario rese l'artiglieria mobile da campo una componente permanente di eserciti moderni. E inoltre, anche se i mercenari boemi erano molto richiesti anche nell'Impero nel XV secolo, la "Rivoluzione della fanteria" emanata dalle formazioni di massa dei mercenari svizzeri, con le loro picche lunghe molti metri, sviluppò una potenza d'urto notevolmente maggiore rispetto alle armi relativamente corte degli hussiti[255].

L'imperatore Sigismondo del Lussemburgo, il grande nemico degli hussiti. Qui nel famoso ritratto eseguito da Albrecht Dürer

---

253   Fiedler, Taktik und Strategie, p. 190

254   Veszprémy, State and military affairs, p. 99.

255   Rogers, Tactics, pp. 204-208.

BIBLIOGRAFIA E FONTI

FONTI PRIMARIE

I documenti tratti da edizioni successive sono sempre citati nel testo prima con il numero di edizione, e poi con il relativo numero di pagina.

- *Codex Diplomaticus Saxoniae Regiae I B 4: Die Urkunden der Markgrafen von Meißen und Landgrafen von Thüringen 1419-1427*, ["The Diplomatic Codex of the Saxon Kings I B 4: The Documents of the Margraves of Meissen and the Count of the Land of Thuringia 1419-1427"], (Leipzig- Dresden: Otto Posse, 1941) [nelle note indicato con: CDS I B 40].
- *Codex Diplomaticus Saxoniae Regiae II 5. Urkundenbuch der Städte Dresden und Pirna* ["The Diplomatic Codex of the Saxon Kings II 5, Book of Documents of the Cities of Dresden and Pirna"] (Leipzig: Karl Federico von Posern- Klett, 1875) [nelle note indicato con: CDS II 50].
- *Codex Diplomaticus Saxoniae Regiae II 8. Urkundenbuch der Stadt Leipzig* ["The Diplomatic Codex of the Saxon Kings II 8, Book of Documents of the City of Leipzig"] (Leipzig: Giesecke & Devrient, 1868) [nelle note indicato con: CDS II 8].
- *Die Hussiten. Die Chronik des Laurentius von Brezová 1414-1421. Aus dem Lateinischen und Alttschechischen übersetzt, eingeleitet und erklärt von Josef Bujnoch* ["The Hussites: The Chronicles of Laurentius of Brezová 1414-1421. Translated from the Latin and Old Czech, introduced and annotated by Josef Bujnoch"] (Graz, Vienna and Cologne: Styria, 1988 [nelle note indicato con: Laurentius-Chronik].
- Hassenstein, Wilhelm, *Das Feuerwerkbuch von 1420. Neudruck des Erstdrucks von 1529 mit Übertragung ins Hochdeutsche und Erläuterungen* ["The Artillery Book of 1420: New Printing of the 1529 First Printing with Conversion into High German and Explanations" by Josef Bujnoch] (Munich: Verlag der Deutschen Technik, 1941) [nelle note indicato con: Hassenstein: Feuerwerkbuch].
- Luther, Martin, *Gesammelte Werke: Lutherbibel, Pre digten, Traktate, Gedichte, Biografie* [Collected Works: Luther Bible, Sermons, Tracts, Biography] (no place, 2015) [citazione: Luther, Gesammelte Werke].
- Palacký, František, *Urkundliche Beiträge zur Geschichte der Hussitenkrieg in den Jahren 1419-1436. 2 Bände.* (2 volumes) (Prague, 1873 [cite: Palacký, Urkundliche Beiträge I&II].

FONTI GRAFICHE PRIMARIE

- **Windecke, Eberhard**, nato intorno al 1380 a Magonza, morto nel 1440/144 era un commerciante e cronista tedesco-ungherese. Windecke, Eberhard, Geschichte Kaiser Sigismundos (ca. 1438-39) Vedi sopra.

- **Hartlieb, Johannes**, Kriegsbuch . Johannes Hartlieb, chiamato anche Hans Hartlieb, (nasce attorno al 1400, muore il 18 maggio 1468) era un medico e un fisico tedesco, dotto consigliere, diplomatico, poeta di corte e primo traduttore umanista alla corte dei Wittelsbach a Monaco. Nei suoi primi anni, partecipò a due guerre, la prima, durante le guerre ussite (1419-1436) e l'altra durante la cosiddetta "guerra bavarese" ("Bayerischen Krieg") del 1420-1422 al fianco di Ludwig il barbuto Baviera-Ingolstadt).

- **Jena-Codex** (ca. 1490-1510). Secondo il Národí Muzeum (Museo Nazionale) di Praga, il Codice Jena "ebbe origine in Boemia tra la fine del XV e l'inizio del XVI secolo. L'idea di questo documento venne all'utraquista Bohuslav di Čechtice. Il manoscritto è corredato di bellissime immagini. In alcune parti, le decorazioni pittoriche dominano il testo. ... Quasi tutto il Codice è scritto in ceco, con solo una piccola parte in latino ".

- **Kyeser, Konrad**, Bellifortis (1402-1405). Bellifortis (fortificazioni militari) è il primo manuale di tecnologia militare completamente illustrato, scritto da Konrad Kyeser e risalente all'inizio del XV secolo. Riassume materiale di scrittori classici sulla tecnologia militare, come gli aneddoti strategici di Vegetius *"Dei Re Militari"*, enfatizzando l'arte della guerra d'assedio, ma trattando la magia e l'alchimia come un supplemento per le arti militari.

- **Talhofer, Hans**, Alte Armatur und Ringkunst (1459). Questo lavoro mostra illustrazioni di una varietà di armi e tecniche per la scherma e il combattimento corpo a corpo.

ALTRE FONTI

- Bachmann, Adolf, "Georg von Podïebrad," in *Allgemeine Deutsche Biographie* (ADB). Band 8 (Leipzig, 1878) pp. 602–611 [cite: Bachmann, *Georg von Podïebrad*].
- Beaufort-Spontin, Christian, "Das neue Antlitz des Ritters: Die Hundsgugel", in: Bloh, Jutta Charlotte von/ Syndram, Dirk/ Streich, Brigitte, *Mit Schwert und Kreuz zur Kurfürstenmacht. Federico der Streitbare, Markgraf von Meißen und Kurfürst von Sachsen (1370-1428)* (Munich: Deutscher Kunstverlag, 2007), pp. 60-62 [cite: Beaufort-Spontin, *Hundsgugel*].
- Berger, Heiko, "Von der Kampfkraft der Hussiten" in Bloh, Jutta Charlotte von/ Syndram, Dirk/ Streich, Brigitte, *Mit Schwert und Kreuz zur Kurfürstenmacht. Federico der Streitbare, Markgraf von Meißen und Kurfürst von Sachsen (1370-1428)* (Munich: Deutscher Kunstverlag, 2007), pp. 100-109 [cite: Berger, *Kampfkraft der Hussiten*].
- Bezold, Federico von, *König Sigismondo und die Reichskriege gegen die Hussiten* (Munich, 1872) [cite: Bezold, *Sigismondo und die Reichskriege*].
- Bleicher, Michaela, "*Das Herzogtum Niederbayern. Straubing in den Hussitenkriegen. Kriegsalltag und Kriegsführung im Spiegel der Landschreiberrechnung. Inaugural – Dissertation zur Erlangung der Doktorwürde der Philosophischen Fakultät III*" (Regensburg: Geschichte, Gesellschaft und Geografie der Universität Regensburg, 2004) [cite: Bleicher *Das Herzogtum Niederbayern*].
- Boeheim, Wendelin, *Handbuch der Waffenkunde*, (Leipzig: Seemanns, 1890) [cite: Boeheim, *Waffenkunde*].
- Delbrück, Hans, *Geschichte der Kriegskunst Bd. III Das Mittelalter. Von Karl dem Großen bis zum späten Mittelal*-ter (Berlin: Nikol Verlag, 2000) [cite: Delbrück, *Geschichte der Kriegskunst*].
- Demmin, August, *Die Kriegswaffen in ihrer historischen Entwicklung von der Steinzeit bis zur Erfindung des Zündnadelgewehrs*, (Leipzig: Seemann, 1869) [cite: Demmin, *Die Kriegswaffen*].
- Dolínek, Vladimír and Durdík, Jan, *Historische Waffen* (Augsburg: Bechtermünz, 1996) [cite: Dolínek/Durdík, *Historische Waffen*].
- Durdík, Jan, *Hussitisches Heerwesen* (Berlin: Deutscher Militärverlag [der DDR], 1961) (cite: Durdík, *Hussitisches Heerwesen*].
- Ermisch, Hubert, "Zur Geschichte der Schlacht bei Außig", in *Neues Archiv für Sächsische Geschichte und Alter*-tumskunde, hereafter "NASG" Vol. 47 (Dresden: Verlag Ph. C. W. Schmidt, 1926), pp. 5-45 [cite: Ermisch, *Schlacht bei Außig*].
- Feldhaus, Franz Maria, "Kyeser, Conrad", in *Allgemeine deutsche Biografie Bd. 52*, (Leipzig: Duncker und Humblot, 1906), pp. 768-769 [cite: Feldhaus, *Kyeser*].
- Fiedler, Siegfried, *Taktik und Strategie der Landsknechte 1500-1650* (Bonn: Bechtermünz, 1985) [cite: Fiedler, *Taktik und Strategie*].
- Grintzer, E., "Die Einnahme und Zerstörung der Stadt Plauen i. V. durch die Hussiten im Jahre 1430", in NASG Vol. 33 (Dresden: Verlag Ph. C. W. Schmidt, 1912), pp. 142-145 [cite: Grintzer, *Zerstörung der Stadt Plauen*].
- Gundram, Ralph, *Döbeln und die Hussiten. Der hussitische Feldzug 1429/30 zwischen Elba und Mulde in Legende und Wirklichkeit* (Oschatz: published by the author, 2007) [cite: Gundram, *Döbeln und die Hussiten*].
- Harmuth, Egon, *Die Armbrust. Ein Handbuch* (Graz: Akademische Druck u. Verlagsanstalt, 1986) [cite: Harmuth, *Armbrust*].
- Hilsch, Peter, *Johannes Hus. Prediger Gottes und Ketzer* (Regensburg: Federico Pustet, 1999) [cite: Hilsch, *Johannes Hus*].
- Hönsch, Jörg K., *Geschichte Böhmens. Von der slavischen Landnahme bis zur Gegenwart* (Munich: C. H. Beck, 1997) [cite: Hönsch, *Geschichte Böhmens*].
- Iselt, Gerald, *Tannenberg 1410. Die Belagerung der Marienburg 1410* (Berlin: Zeughaus Verlag, 2008) [cite: Iselt, *Tannenberg 1410*].
- Jecht, Richard, "Der Zug der Hussiten nach der Mark im Jahre 1432," in *Forschungen zur brandenburgischen und preußischen Geschichte 25* (1912), pp. 29-50 [cite: Jecht, *Zug der Hussiten nach der Mark*].
- Kejř, Jiří, *Die Hussitenrevolution* (Prague: Orbis, 1988).
- Korowski, Franz, *Die Marienburg und ihre 17 Hochmeister des Deutschen Ritterordens* (Würzburg: Rautenberg Verlag, 2007 [cite: Korowski, *Die Marienburg*].
- Korschelt, Johann Gottlieb, Kriegsdrangsale der OberLusazia zur Zeit des Hussitenkrieges", in *Neues Lusazi*-aisches Magazin Vol. 44 (Görlitz: OberLusaziaischen Gesellschaft der Wissenschaften, 1868), pp. 173-186 [cite: Korschelt, *Kriegsdrangsale der OberLusazia*].
- Krocker, Ernst: Sachsen und die Hussitenkriege, in NASG Vol. 21 (Dresden: Verlag Ph. C. W. Schmidt, 1900), pp. 1-39 [(cite: Krocker, *Sachsen und die Hussitenkriege*].
- Kroener, Bernhard R., *Kriegswesen, Herrschaft und Gesellschaft 1300 – 1800* (Munich: Enzyklopadie

Deutscher Geschichte, 2013) [cite: Kroener, *Kriegswesen*].
- Krzenck, Thomas, "Die Hussitenkriege, Sachsen und Leipzig", in Hehl, Ulrich von (ed.), *Stadt und Krieg. Leipzig in militärischen Konflikten vom Mittelalter bis ins 20. Jahrhundert*, (Leipzig: Leibziger Universitätsverlag, 2015), pp. 51-69 [cite: Krzenck: *Hussitenkriege*].
- Lindau, Wilhelm Adolf, *Die Schlacht bei Aussig. Romantische Bilder aus dem 15. Jahrhundert* (Leipzig: Kollmann, 1849) [cite: Lindau, *Schlacht bei Aussig*].
- Lugs, Jaroslaw, *Handfeuerwaffen. Systematischer Überblick über die Handfeuerwaffen und ihre Geschichte, Band 1* (Berlin: Militärverlag der DDR, 1977) [cite: Lugs, *Handfeuerwaffen*].
- Macek, Josef, *Die Hussitische Revolutionäre Bewegung* (Berlin: VEB Dt. Verl. der Wissenschaften, 1958) [cite: Macek, *Revolutionäre Bewegung*].
- Machilek, Franz, "Hus und die Hussiten in Franken", in *Jahrbuch für fränkische Landesforschung 51* (Erlangen: Institut für Fränkische Landesforschung an der Universität Erlangen, 1991), pp. 15-37 [cite: Machilek, *Hussiten in Franken*].
-----,, "Jan Hus und die Hussiten in der Oberpfalz," in Machilek, Franz, *Die hussitische Revolution. Religiöse, politische und regionale Aspekte* (Vienna - Cologne – Weimar: Böhlau, 2012), pp. 181-222 [cite: Machilek, *Hussiten in der Oberpfalz*].
-----,, "Schlesien, Hus und die Hussiten," in Machilek, Franz, *Die hussitische Revolution. Religiöse, politische und regionale Aspekte* (Vienna - Cologne – Weimar, 2012), pp. 109-142 [cite: Machilek, *Schlesien*].
- McLachlan, Sean, *Medieval Handgonnes. The first Black Powder Infantry Weapons (Osprey Weapons No. 3)* (Oxford: Osprey, 2010) [cite: McLachlan, *Medieval Handgonnes*].
- Meinhard, Matthias, "Dresden und die Ketzerbewegung", in Bloh, Jutta Charlotte von/ Syndram, Dirk/ Streich, Brigitte, *Mit Schwert und Kreuz zur Kurfürstenmacht. Federico der Streitbare, Markgraf von Meißen und Kurfürst von Sachsen (1370-1428)* (Munich: Deutscher Kunstverlag, 2007), pp. 110-113 [cite: Meinhard, *Dresden und die Ketzerbewegung*].
- Meinhardt, Matthias, "Im Dienste des Königs: Die Feldzüge Federicos des Streitbaren," in Bloh, Jutta Charlotte von/ Syndram, Dirk/ Streich, Brigitte, *Mit Schwert und Kreuz zur Kurfürstenmacht. Federico der Streitbare, Markgraf von Meißen und Kurfürst von Sachsen (1370-1428)* Munich: Deutscher Kunstverlag, 2007), pp. 114-118 [cite: Meinhardt, *Im Dienste des Königs*].
- Nicholson, Helen, *Medieval Warfare. Theorie and Practice of War in Europe 300 - 1500* (New York: Palgrave Macmillan, 2004) [cite: Nicholson, *Medieval Warfare*].
- Palacký, František, *Geschichte von Böhmen. Größtentheils nach Urkunden und Handschriften, Bd. 3 Abt. 2. Der Hussitenkrieg, von 1419-1431* (Prague: Tempsky, 1851) [cite: Palacký, *Der Hussitenkrieg 1419-1431*].
-----, *Geschichte von Böhmen. Größtentheils nach Urkunden und Handschriften, Bd. 3 Abt. 3. Böhmen und das Baseler Conzil. Sigismondo und Albrecht. J. 1431-1439* (Prague: Tempsky, 1854) [cite: Palacký, *Böhmen und das Baseler Konzil*].
-----, *Geschichte von Böhmen. Größtentheils nach Urkunden und Handschriften, Bd. 4 Abt. 1. Das Zeitalter Georgs von Poděbrad. Die Zeit von 1439 bis zu K. Ladislaws Tode 1457* (Prague: Tempsky, 1857) [cite: Palacký, *Georg von Poděbrad I*].
-----, *Geschichte von Böhmen. Größtentheils nach Urkunden und Handschriften, Bd. 4 Abt. 2. Das Zeitalter Georgs von Poděbrad. K. Georgs Regierung 1457-1471)* (Prague: Tempsky, 1857) [cite: Palacký, *Georg von Poděbrad II*].
- Polívka, Miloslav, "Die Handelsbeziehungen zwischen Nürnberg und den böhmischen Ländern während der hussitischen Revolution (1419-1434)", in Machilek, Franz, *Die hussitische Revolution. Religiöse, politische und regionale Aspekte* (Vienna - Cologne – Weimar: Böhlau Verlag, 2012), pp. 163-180 [cite: Polívka, *Handelsbeziehungen*].
- Poppolow, Marcus, "Militärtechnische Bildkataloge des Spätmittelalters", in Kortüm, Hans-Henning (ed.), *Krieg im Mittelalter* (Berlin: Akademie Verlag, 2001), pp. 251-268 [cite: Poppolow, *Militärtechnische Bildkataloge*].
- Purton, Peter, *A History Of The Late Medieval Siege 1200-1500* (Woodbridge: Boydell & Brewer, 2010) [cite: Purton, *Late Medieval Siege*].
- Querengässer, Alexander, "Triumph for the heretics. The Battle of Aussig 1426," in *Medieval Warfare Magazine No. 2* (2015), pp. 42-46 [cite: Querengässer, *Triumph for the heretics*].
- Richter, O., "Ein hussitischer Spion", in: NASG Vol. 7 (Dresden: Verlag Ph. C. W. Schmidt, 1886), S.145-146 [cite: Richter, *Hussitischer Spion*].
- Rieder, Heinz, *Die Hussiten. Streiter für Glauben und Nation* (Gernsbach: Casimir Katz Verlag, 1998) [cite: Rieder, *Die Hussiten*].
- Rogers, Clifford J., "Tactics and the face of battle", in Tallett, Frank and Trim, David J.B., *European Warfare 1350-1750* (Cambridge: Cambridge University Press, 2010), pp. 203-235 [cite: Rogers, *Tactics*].
- Royt, Jan, "Hussitische Bildpropaganda", in Eberhard, Winfried/ Machilek, Franz (Ed.): *Kirchliche Reformimpulse*

des 14./ 15. Jahrhunderts in Ostmitteleuropa (Cologne: Böhlau, 2006), pp. 341-356 [cite: Royt, *Hussitische Bildpropaganda*].

- Seibt, Ferdinand, *Hussitica. Zur Struktur einer Revolution* (Cologne: Böhlau, 1990) [cite: Seibt, *Hussitica*].

- Seibt, Ferdinand, "Die Hussitische Revolution", in Seibt, Ferdinand, *Hussitenstudien* (Munich: Oldenbourg, 1991), pp. 79-96 [cite: Seibt, *Die Hussitische Revolution*].

-----, "Zur Entwicklung der Böhmischen Staatlichkeit 1212 - 1471, „*Hussitenstudien* (Munich: Oldenbourg, 1991), pp. 133-151 [cite: Seibt, *Entwicklung der Böhmischen Staatlichkeit*].

-----, "Konrad von Vechta", in Seibt, Ferdinand, *Hussitenstudien* (Munich: Oldenbourg, 1991), pp. 241-252 [cite: Seibt, *Konrad von Vechta*].

-----, "Tabor und die europäischen Revolutionen", in Seibt, Ferdinand, *Hussitenstudien* (Munich: Oldenbourg, 1991), pp. 175-184 [cite: Seibt, *Tabor*].

-----, "Vom Vítkov bis zum Vyšehrad. Der Kampf um die böhmische Krone 1420 im Licht der Prager Propaganda," in Seibt's *Hussitenstudien* (Munich: Oldenbourg, 1991, pp. 185-207 [cite: Seibt, *Vom Vítkov bis zum Vyšehrad*].

- Schmidt, Peter, *Die große Schlacht. Ein Historienbild aus der Frühzeit des Kupferstichs* (Wiesbaden: Otto Harrassowitz, 1992) [cite: Schmidt, *Die große Schlacht*].

- Schmidtchen, Volker, *Bombarden, Befestigungen, Büchsenmeister. Von den ersten Mauerbrechern des Mittelalters zur Belagerungsartillerie der Renaissance* (Düsseldorf: Droste, 1977) [cite: Schmidtchen, *Bombarden, Befestigungen, Büchsenmeister*].

-----, "Karrenbüchse und Wagenburg. Hussitische Innovationen zur Technik und Taktik des Kriegswesens im späten Mittelalter" in Schmidtchen, Volker and Jäger, Eckhard (eds.), *Wirtschaft, Technik und Geschichte. Beiträge zur Erforschung der Kulturbeziehungen in Deutschland und Osteuropa* (Berlin: Verlag Ulrich Camen, 1980), pp. 83-108 [cite: Schmidtchen, *Karrenbüchse und Wagenburg*].

-----, *Kriegswesen im späten Mittelalter. Technik, Taktik, Theorie* (Weinheim: Acta humaniora, 1990) [cite: Schmidtchen, *Kriegswesen*]. Šmahel, František, "Prokop/ 3. Pr. d. Gr"., in *Lexikon des Mittelalters. Band 7* (Munich: Artemis-Verlag, 1995), p. 245 [cite: Šmahel, *Prokop*].

-----, *Die Hussitische Revolution.* 3 vols. (MGH-Schriften 43/I-III – MGH = Monumenta Germaniae Historica), (Hannover: Hahnsche Buchhandlung, 2002) [cite: Šmahel, *Hussitische Revolution 1-3*].

- Stöller, Ferdinand, "Österreich im Kriege gegen die Hussiten (1420-1436)" in *Jahrbuch für Landeskunde von Niederösterreich 22* (St. Pölten: Verein für Landeskunde von Niederösterreich, 1929), pp. 1-87 [cite: Stöller, Österreich im Kriege gegen die Hussiten].

- Toman, Hugo, *Das hussitische Kriegswesen in der Zeit Žižkas und Prokops* (Prague: Královská Česká společnost nau, 1898) [cite: Toman, *Das hussitische Kriegswesen*].

- Tomek, Václav Vladivoj, *Jan Žižka* (Prague: J. Otto, 1879) [cite: Tomek, *Jan Žižka*].

- Tresp, Uwe, *Söldner aus Böhmen. Im Dienst deutscher Fürsten: Kriegsgeschäft und Heeresorganisation im 15. Jahrhundert*, (Paderborn: Ferdinand Schöningh, 2004) [cite: Tresp, *Söldner aus Böhmen*].

-----, "Markgraf Wilhelm I. von Meißen und Böhmen. Die Belagerung von Prag (1401)", in Wilhelm der Einäugige, Markgraf von Meissen (1346-1407), (Dresden: Sandstein, 2009), pp. 43-53 [cite: Tresp, *Die Belagerung von Prag 1401*].

-----, "Hussiten vor Bernau," in Bergstedt, Clemens (et al.) in *Dialog mit Raubrittern und schönen Madonnen. Die Mark Brandenburg im späten Mittelalter* (Berlin: Lukas Verlag, 2011), pp. 142-146 [cite: Tresp, *Hussiten vor Bernau*].

- Turnbull, Stephen, *The Hussite Wars 1419-1436 (Osprey Men-at-Arms No. 409)* (Oxford: Osprey, 2004) [cite: Turnbull, *Hussite Wars*].

- Verney, Victor, *Warrior of God Jan Žižka and the Hussite Revolution* (London: Frontline Books, 2009) [cite: Verney, *Warrior of God*].

- Veszprémy, László, "The state and military affairs in eastcentral Europe, 1380 – c. 1520", in Tallett, Frank/ Trim, David J.B.: *European Warfare 1350-1750* (Cambridge: University of Reading, 2010, pp. 96-109) [cite: Veszprémy, *State and military affairs*].

- Williams, Gareth, "The mace. Countering the armoured opponent", in *Medieval Warfare Magazine No. 4* (2014), pp. 34-35 [cite: Williams: *The mace*].

- Winkler, Karl, *Die Schlacht bei Hiltersried* (Würzburg: K. Triltsch, 1939) [cite: Winkler, *Hiltersried*].

- Wulf, Max von, *Die hussitische Wagenburg* (Berlin: (dissertation), 1889) [cite: Wulf, *Wagenburg*].

- Zeune, Joachim, "Hussitenzeitliche Wehrelemente an Burgen der Hassberge," in *Burgenforschung aus Sachsen 17/2* of the Deutsche Burgenvereinigung e. V. Landesgruppe Sachsen (Langenweißbach: Beier & Beran, 2004), pp. 130-152 [cite Zeune, *Hussitenzeitliche Wehrelemente*].

- Zimmerling, Dieter, *Der Deutsche Ritterorden* (Düsseldorf: Econ Verlag, 1988) [cite: Zimmerling, *Der deutsche Ritterorden*].

TITOLI PUBBLICATI - ALREADY PUBLISHING

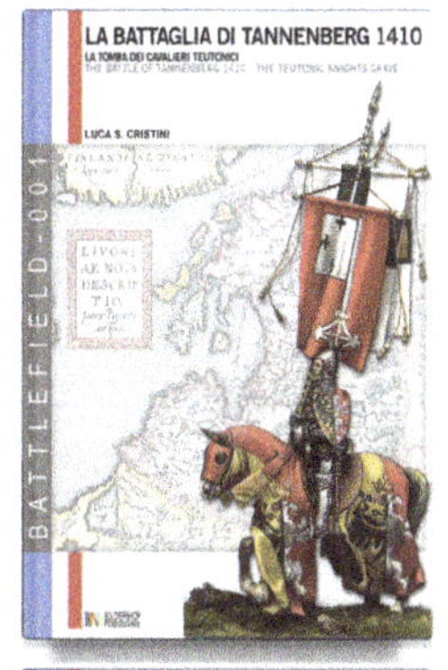

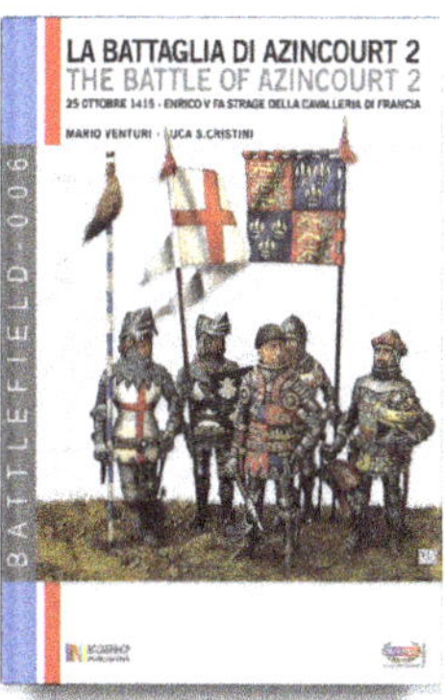

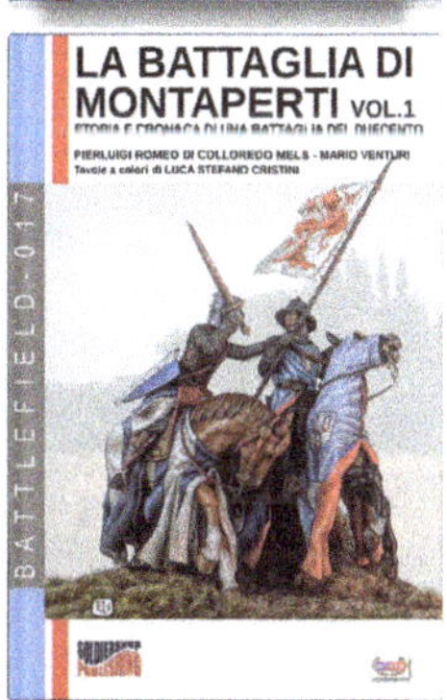

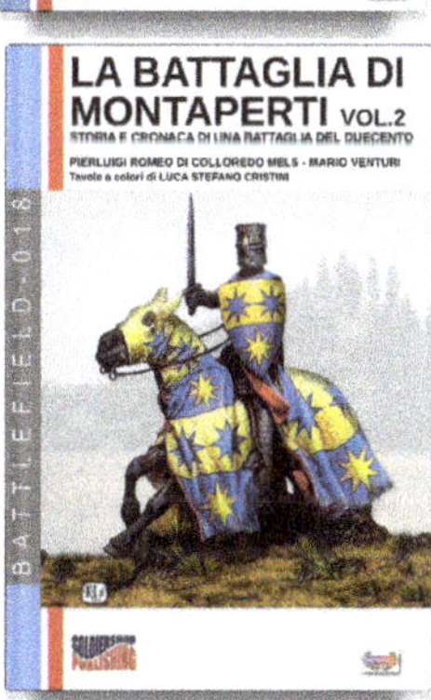

SOLDIERS&WEAPONS 034